सफर आसां न था

मंजु यादव 'ग्रामीण'

pencil

ISBN 978-93-5458-315-5
© Manju Yadav Gramin 2021
Published in India 2021 by Pencil

A brand of
One Point Six Technologies Pvt. Ltd.
123, Building J2, Shram Seva Premises,
Wadala Truck Terminal, Wadala (E)
Mumbai 400037, Maharashtra, INDIA
E connect@thepencilapp.com
W www.thepencilapp.com

DISCLAIMER: *The opinions expressed in this book are those of the authors and do not purport to reflect the views of the Publisher.*

Author biography

मंजु यादव ' ग्रामीण '

जन्म   19 जून 1971

जन्मस्थान	ग्राम धौरऊ जिला बुलन्दशहर उत्तरप्रदेश
शिक्षा	हिंदी साहित्य में एम ए बी एड बी टी सी
निवास	आगरा उत्तरप्रदेश
कार्यरत	बेसिक शिक्षा विभाग
पिता	श्री इंद्रजीत सिंह यादव
माता	श्रीमती मंतो यादव
पति	श्री दिनेश कुमार यादव
कृतियाँ	1 अहसास की कलम से (काव्य संग्रह)
	2 गजल के गाँव में (काव्य संग्रह)
	3 धवला (संस्मरण)
	4 पैप्सी डेंजर (संस्मरण)
	5 सफर आसां न था (काव्य संग्रह)

पता   33/79 जटपुरा लोहामंडी आगरा

सम्पर्क सूत्र   7906253318

CONTENTS

Preface

समर्पण

यह किताब मैं अपने नानाजी

स्व. श्री जीवनलाल जी को समर्पित करती हूँ।

जिन्हें मैंने कभी नहीं देखा।

पूज्य नानी माँ गंगादेवी जी की स्मृतियों में ही मैंने उन्हें

देखा।

उनकी पावन स्मृति को मेरा शत शत नमन।

मंजु यादव ' ग्रामीण '

Introduction

पाठकों से

प्रिय पाठकों

आपके हाथों में यह मेरा तीसरा काव्य संग्रह है। ' सफर आसां न था ' ।और कहना चाहूँगी कि यकीनन ही यह सफर आसान नहीं था।इसे आसान बनाया आपने।मेरे सोशलमीडिया के पाठकों ने।जिनकी प्रोत्साहित करती प्रतिक्रियाएँ मेरी कलम को नई ऊर्जा देती हैं।और मेरा सृजन निरन्तर प्रगति पर है।इससे पहले ' अहसास की कलम से ' व ' गजल के गाँव में ' दो काव्य संग्रह आप पढ़ चुके हैं।आप सबका बहुत बहुत धन्यवाद।आपकी प्रतिक्रियाओं से मुझे बहुत प्रेरणा मिलती है।मेरे लेखन में मेरे दोनों बच्चों का भी मुझे भरपूर सहयोग मिलता है।यह किताब सोशलमीडिया के ही एक प्लेटफार्म पर पेंसिल एप्प द्वारा प्रकाशित की जा रही है।जिसके लिए ऑनलाइन संकलन में मेरी पुत्री की विशेष भूमिका है।उसका भी स्नेहमय धन्यवाद।

आशा करती हूँ आपको यह संग्रह भी पसन्द आएगा।

सफर आसां न था

धन्यवाद

मंजु यादव ' ग्रामीण '

आगरा

1. मंजिलें थीं दूर मेरी

मंजिलें थीं दूर मेरी, और सफर आसां न था,
लेकिन मैं भी अड़चनों पर, ऐसा भी हैरां न था।

मुझको यकीं था रब मेरा, है कहीं मेरे साथ ही,
डूबुंगा मैं जो कहीं तो, वह थाम लेगा हाथ भी।
जिंदगी में मेरी आखिर, किस दौर में तूफां न था।

हार गए तूफान भी, मैं बढ़ चला साहिल की ओर,
रब का करके शुक्रिया, चलता रहा मंजिल की ओर।
कैसे कह दूँ जिंदगी में, कभी मोजिजा देखा न था।

दोष दे तकदीर को, क्या मैं बैठ ही जाता राह में,
ख्वाब रखना छोड़ देता क्या अपनी मैं निगाह में।
खत्म होता साजिशों से, ऐसा मैं किस्सा न था।

पाँव के छालों से मुझको, अब कोई शिकवा नहीं,
मुतमइन हूँ सफर से   अपने, जिंदगी से गिला नहीं।

इतना सा बस सोचना था, जो छूट गया मेरा न था।।

मंजिलें थीं दूर मेरी, और सफर आसां न था।
लेकिन मैं भी अड़चनों पर, ऐसा भी हैरां न था।।

2. तू है मेरी भाग्यरेख

तू है मेरी भाग्यरेख, मैं हूँ तेरी तकदीर प्रियम,
तू मेरा राँझा हो ना हो, मैं हूँ तेरी हीर प्रियम।

लिखे मुकद्दर ऊपरवाला, कैसे कैसे संयोग लिखे,
कहीं लिखे गीत प्रीत के, और कहीं वियोग लिखे।
तू जाने तेरे हिस्से क्या, तू ही प्रेम तू ही पीर प्रियम।
तू है मेरी भाग्यरेख, मैं हूँ तेरी तकदीर प्रियम।।

तेरी राहों के शूल सभी, समेट लिए मैंने आँचल में,
धो दिए दाग सभी दिल के, नयनों के गंगाजल में।
मैं तेरे प्यार की पायल, तू समझ भले जंजीर प्रियम।
तू है मेरी भाग्यरेख, मैं हूँ तेरी तकदीर प्रियम।।

जीवनपथ पर साथ चलें, यही हृदयअभिलाषा है,
साथ रहे तू रौशन राहें, नहीं तो घोर कुहासा है।
रंग सजे चाहत के जिसमें, मैं ऐसी तस्वीर प्रियम।
तू है मेरी भाग्यरेख, मैं हूँ तेरी तकदीर प्रियम।।

तू मेरा राँझा हो ना हो, मैं हूँ तेरी हीर प्रियम।।

3. कभी मैंने तुझे

कभी मैंने तुझे, मनमीत लिखा,
कभी तुझको, जीवनगीत लिखा।

कभी तू चाहत का, साज लिखा,
कभी दिल की तू, आवाज लिखा।
कभी भूल गया, दिल धड़कन ही,
कभी साँसों का, संगीत लिखा।
कभी मैंने तुझे, मनमीत लिखा।।

कभी आँखों को, मदहोश लिखा,
कभी मैं हूँ बहुत, खामोश लिखा।
कभी जानेसितम, तुझे लिख डाला,
कभी चातक मन की, प्रीत लिखा।
कभी मैंने तुझे, मनमीत लिखा।।

कभी आँखों में, अब्र बसा लिखा,
कभी हृदय प्रसून, हँसा लिखा।

कभी लिखे गिले, शिकवे कितने,
कभी हारे मन की, जीत लिखा।
कभी मैंने तुझे, मनमीत लिखा।।

कभी बाहों का तेरी, हार लिखा,
कभी पायल की, झंकार लिखा।
कभी लिख दिया, तुझको हरजाई,
कभी यही वफा की, रीत लिखा।
कभी मैंने तुझे, मनमीत लिखा।।

4. छोड़ आए हम

छोड़ आए हम, कब के तेरी गलियाँ,
दामन में रखकरके, काँटे और कलियाँ।

जहाँ तेरी रहमत के, बागान की क्यारी थी,
कब तेरी इनायत पे, ये जान हमारी थी।
रास बहुत आईं, हमको ये झोपड़ियाँ।
छोड़ आए हम, कब के तेरी गलियाँ।।

बीते दिनों के कुछ, कसमें और वादे थे,
क्या कहूँ कितने, कि संगीन इरादे थे।
वो भूल जाने में, मुझे लग रहीं सदियाँ।
छोड़ आए हम, कब के तेरी गलियाँ।।

वो क्या रहा जिसने कि, तेरा मुझसे बैर किया,
मुझे अपनों की महफिल में, कितना गैर किया।
हम समझ नहीं पाए, कहाँ मुझमें रहीं कमियाँ।
छोड़ आए हम, कब के तेरी गलियाँ।।

छोड़ आए हम, कब के तेरी गलियाँ,

दामन में रखकरके, काँटे और कलियाँ।

22

5. आँचल सम्हाल लो

गुजर गई कमसिनी, आँचल सम्हाल लो,
जान ए चमन दुपट्टा, काँधों पर डाल लो।

यूँ तो ये अल्हड़पन, कोई खता नहीं,
कितना बुरा जमाना, तुमको पता नहीं।
तुम्हें आएगा पसीना, हाथ रुमाल लो।।

गोरा रंग तुम्हारा, हो जाए न स्याम कहीं,
करो न आफताब को, तुम बदनाम कहीं।
बाहर धूप बड़ी है, जरा छाता निकाल लो।

जाना न दूर अकेले, कहीं भी सूनी राहों में,
यहाँ पल रहे हैं खंजर, कितनी निगाहों में।
मौसम में आजकल के, खुद को भी ढाल लो।

खुशियाँ मिलें अपार, और सफर सहल रहे,
कदमों पे अपने खुद ही, अपनी सम्हल रहे।

इस दिल की सब दुआएँ, दामन में सम्हाल लो।

गुजर गई कमसिनी, आँचल सम्हाल लो,
जान ए चमन दुपट्टा, काँधों पर डाल लो।

6. गौमाता मारी फिरें

गौमाता मारी फिरें, घर घर पल रहे श्वान,
हम सनातन हो रहे, या कि जातुधान।

सेवा कर मेवा मिले, बहे दूध घी की धार,
श्रीहरि की कृपा से, मिले संतोष अपार।

गोबर से जिनके मिलें, मुफ्त में ईंधन खाद,
प्रातःकाल दर्शन भी, इनका पुण्य प्रसाद।

गौवंश बढ़े तो फसल बढ़े, कहते सज्जन लोग,
जी भरकर आनन्द रहे, खूब करो उपभोग।

इनकी सेवा सुश्रुषा, कर मिले देवों का आशीष,
हमारी हैं ये संस्कृति, इन्हें सुबह नवाओ शीश।

7. उनका जुदा मिजाज

उनका जुदा मिजाज है, अपना जुदा मिजाज,
कैसे भला मैं खुश रखूँ, उनका भला मिजाज।

हम वो अदबनशीन हैं, जिन्हें दर्द भी अजीज,
क्या बनाएगा अपना, भला मयकदा मिजाज।

मौसम की तरहा झट से वो, रंग बदलते हैं,
सुबह जुदा मिजाज है, शामों को जुदा मिजाज।

सुनते हैं उनका लहजा है, शीरीं बसा हुआ,
देखा है अक्सर हमने तो, उखड़ा हुआ मिजाज।

अपना बयां तो है सदा, किसी खुली किताब सा,
खुलके कभी उन्होंने नहीं, अपना कहा मिजाज।

अब फासलों की बात नहीं, कुरबत का शौक क्या,
हमने भी अब तो छोड़ दिया, तुझ पर तेरा मिजाज।

8. फुर्सत की वो घड़ी

आने लगी है आजकल, फुर्सत की वो घड़ी,
लम्हों लम्हों में गुजर गईं, बातें बड़ी बड़ी।

वो भी क्या दिन थे, बड़े लाजवाब से,
लगते थे उनके लब भी, खिलते गुलाब से।
दिल में थी शबाब पर, चाहत की हर कली।
आने लगी है आजकल, फुर्सत की वो घड़ी।।

आओ कभी बैठकर, उन घड़ियों को याद करें,
क्यूँ छोटी छोटी बात पर, हरदम फसाद करें।
क्या जरूरी जिंदगी में, हर ख्वाहिश हो बड़ी।
आने लगी है आजकल, फुर्सत की वो घड़ी।।

कितनी कटी कितनी बची, राहे सफर यहाँ,
मंजिल है अपनी सामने, कल कौन हो कहाँ।
चल ढूँढें साथ सुकून को, मुश्किल है क्या बड़ी।

आने लगी है आजकल, फुर्सत की वो घड़ी।।

9. जुदा जुदा से नाम

तेरा वही निजाम है, मेरा भी वही निजाम,
ये किसने रख दिए हैं, जुदा जुदा से नाम।

ये रंगभेद ये मजहबी से, सब फासले हैं क्यूँ,
हम सभी हैं आख़िरश, उसी एक शै के गुलाम।

क्यूँकर किसने बोए इंसान में, ये नफरतों के बीज,
पूछूँ कभी मिले जमीन पर, वो मुहब्बतों का निजाम।

प्रेम की उस बांसुरी की, फिर से सुनो तुम धुन कभी,
सदियों पहले सुना गया, जिसे वृंदावन का घनश्याम।

अपनी अपनी ले दुकान, तिजारत को बैठ गए,
इनसे जाकर पूछिए कहाँ है, इस जहां का निजाम।

डरी सहमी और स्याह सी, थी मजहबों के शोर की,
मुझे फटेहाल सी मिल गयी, थी इंसानियत एक शाम।

जो जमीं को जहन्नुम कर रहे, उन्हें जन्नत की हूर ही,

बखशेगा क्यूँकर भला, वो आसमां का निजाम।

30

जो जमीं को जहन्नुम कर रहे, उन्हें जन्नत की हूर ही,

बखशेगा क्यूँकर भला, वो आसमां का निजाम।

10. इतना तो बताते

वो चले झटक के दामन, हम रह गए मनाते,
क्या खता हुई थी हमसे, हमें इतना तो बताते।

ये नहीं गिला कि हमको, क्यूँ गैर तुमने समझा,
जो पहले बताया होता, हम अपना क्यूँ बनाते।

था नहीं ठिकाना अपना, इस इतने बड़े जहां में,
जो लौटना ही होता, तेरे दर पे हम ना आते।

हमने तो पत्थरों में भी, सुनी थीं धड़कनें सी,
हम अपनी धड़कनों को, कैसे तुझे सुनाते।

ये मुहब्बतों में दूरी का, जो लुत्फ जानते तुम,
कभी काफिये मिलाते, कभी रदीफ गुनगुनाते।

आखिर तो जान हो तुम, या जान से भी प्यारे,
मरते दम तक हम तो, बस यूँ ही वफा निभाते।

11. जिंदगी के मरहले

तेरे दम से ही तो मुकम्म्मल हूँ मैं, तू न हो तो जिंदगी की हसरत
नहीं,
धूप में भी चाँदनी का सा गुमां, बिन तेरे तो खुशी की जरूरत
नहीं।

जिंदगी के मरहले भी आते रहें, हम गजल प्यार की गुनगुनाते
रहें,
साथ चलने से होगी कम कुछ थकन, हम सफर को आसां
बनाते रहें।
तेरा साथ छूटे ना तू मुझसे रूठे ना, मुझे तेरे बिन जीने की
आदत नहीं।

कोई शिकायत है मुझसे तो वह भी बता, बेरुखी के यूँ न खंजर
चला।
ठहर जाएं हम जो पिछली गली, हाल क्या हो तेरा क्या ये
तुझको पता।
संगदिल इतने भी हम तो नहीं, छोड़ दें तनहा यूँ ही यह शराफत

नहीं।

आज वादा करें और इरादा करें, साथ बढ़ना है भरोसा भी ज्यादा करें,

जिंदगी ये इतनी भी आसां नहीं, मिलजुल के इसको कुछ सादा करें।

इस बनावट से दिल भी उकता गया, मुझे इस दिखावट की आदत नहीं।

मैंने देखे हैं जमाने तेरे प्यार के, और मौसम भी आए हैं तकरार के,

मुझको अजीज ये दोनों ही समाँ, मेरी शामें हैं रोशन तेरे इंतजार से।

दोनों से है सलामत अपना जहां, ये मुहब्बत है कोई तिजारत नहीं।

तेरे दम से ही तो मुकम्मल हूँ मैं, तू न हो तो जिंदगी की हसरत नहीं,

धूप में भी चाँदनी का सा गुमां, बिन तेरे तो खुशी की जरूरत नहीं।

12. प्रेमपत्र

ये मुझको प्रेमपत्र लिखकर, यूँ तुम भूल जाओगे,
कभी सोचा नहीं हमने, कि यूँ वादा निभाओगे।

कभी सावन के झूलों में, कभी उपवन के फूलों में,
कभी नदिया के धारे में, कभी मंदिर के द्वारे में।
ऐ गुजरे हुए लम्हों, यूँ ही तुम याद आओगे।।

तुम्हारी हर बात प्यारी थी, वो मुलाकात प्यारी थी,
तड़पना सिखा दिया मुझको, यही सौगात न्यारी थी।
करो वादा कभी हमसे, यूँ ही ख्वाबों में आओगे।

कभी जीते कभी हारे, तुम्हारी जिद के हम आगे,
मगर यूँ छोड़कर बाजी, कभी भी हम नहीं भागे।
रहा यूँ सिलसिला जारी, तो बाजी हार जाओगे।

चलो छोड़े सभी शिकवे, जिंदगी भर के मसअले,
बढ़ें शिद्दत से राहों पर, भुलाकर दिलों के गिले।

चलेंगे साथ मिलकर तो, मंजिल तुम भी पाओगे।

ये मुझको प्रेमपत्र लिखकर, यूँ तुम भूल जाओगे,
कभी सोचा नहीं हमने, कि यूँ वादा निभाओगे।

13. पहले खत को

तुम्हारे पहले खत को हमने, अब तक सम्हाल रखा है,
क्या तुम ही वही तुम थे, उलझन में डाल रखा है।

तुमने लिखा था कि, मिलने को बेताब हैं कुछ यूँ,
खड़े हैं दर पे हमने, दिल हाथों में सम्हाल रखा हैं।

हमारे दिल से खेलकर, कभी तुम छोड़ ना देना,
हमारी धड़कनों ने खत में, अपना हाल रखा है।

तुमसे अच्छे तुम्हारे ख्वाब थे, अब कहने को जी चाहे,
उन्हीं ख्वाबों को ही अब तक, आँखों ने सम्हाल रखा है।

दूरियों के ही मौसम हमें तो, रास आते हैं हमदम,
तुम्हारी कुरबतों ने तो दम ही, जैसे निकाल रखा है।

हजारों तूफान हैं यूँ तो, यहाँ की वादियों में भी,
फूलों की खातिर, शाख ने खुद को सम्हाल रखा है।

14. रूठ जाने में

रखी न कमी हमने, कभी उसको मनाने में,
उसने उम्र गुजार दी, फिर फिर रूठ जाने में।

कई बार झुलसा मन, रिश्तों की तपिश से भी,
मगर आँसू रहे बाहम, सदा ठंडक सी लाने में।

हमें दो पल नहीं मिलते, दिल की बात कहने को,
उन्हें अपना नहीं मिलता, कोई सारे जमाने में।

अभी भी छोड़ दो जिद, कि हमारे बिन भी जी लोगे,
कहीं ऐसा ना हो घुट जाए, तुम्हारा दम वीराने में।

बड़ा खुद्दार कहता है, तू खुद मगर समझ लेता,
हम करके भूल जाते हैं, यकीं नहीं एहसां गिनाने में।

हम भी जलने की जिद में, खुद शमा ही बन बैठे,
हवा ने लाख की साजिश, मेरी लौ को बुझाने में।

वक्त की आँधियों के साथ, तू भी रहा शामिल,
दुआ बैठी थी कोई, शायद मेरे आशियाने में।

15. मौसम पूछते हैं

वो आजकल दिल का, मौसम पूछते हैं,
करम पूछते हैं या कि, सितम पूछते हैं।

ये नाज़ुक गजल से, लहजे में देखो,
पत्थर का दिल लिए, सनम पूछते हैं।

दिल उड़ते हुए से, परिंदों का है जंगल,
क्यूँ ठहरे यहाँ पर, तुमसे हम पूछते हैं।

जख्म भी देने लगे हैं, जब कि खुशबू,
वो शहर भर में इनका, मरहम पूछते हैं।

रास्ता एक पगडंडियाँ, क्यूँ रहीं दो,
क्यूँ चलते नहीं हो, बाहम पूछते हैं।

अभी तो है बाकी, सताइश भी उनकी,
क्या निकला नहीं है, वो दम पूछते हैं।

16. दिन बड़े अजीब

वो दिन बड़े अजीब थे, वो रात बड़ी अजीब थी,
मिले थे यूँ तो शौक से, मुलाकात बड़ी अजीब थी।

क्या रह गया था राह में, था कौन उसकी निगाह में,
बारिश में भी जला बदन, बरसात बड़ी अजीब थी।

था उसको मुझसे प्यार भी, थी बेरुखी इंतजार भी,
पर दाँव वो हारा जहाँ, बिसात बड़ी अजीब थी।

यूँ तो वो हमारी जान था, कभी मिलता था अनजान सा,
क्या कहूँ बारे में उसके, उसकी हर बात बड़ी अजीब थी।

हर दौर पीछे रह गया, ये दिल भी क्या क्या सह गया,
मुझे दिए दर्द खैरात में, ये खैरात बड़ी अजीब थी।

17. अजब सी

अजब सी है मेरी, कहानी बड़ी,
दोस्ती दुश्मनों से, निभानी पड़ी।

उसने छोड़ा था, दिल को जाने कहाँ,
और महफिल हमें ही, सजानी पड़ी।

उसको देखूँ तो, लगे अपना सा वो,
उसको सोचूँ तो, चाहत बेगानी बड़ी।

यूँ तो दिल पर हैं, उसके लाखों सितम,
फिर भी धड़कन हैं, उसकी दीवानी बड़ी।

याद आते हैं उसकी, इनायत के दिन,
आजकल है मगर, कयामत बड़ी।

18. बदला मौसम

बदला हुआ है मौसम, वो बात नहीं रही,
वो बदले हैं या हम, कुछ तो बात नहीं रही।

मुझे इसका गिला नहीं, इल्जाम दे दिए हैं,
इतना मलाल है बस, सरेआम दे दिए हैं।
सब हो गया दिखावा, सादा मुलाकात नहीं रही।

लफ्जों के मायने भी, कुछ के कुछ हुए हैं,
हम क्या थे उनको पहले, क्या अब हुए हैं।
महफिल में कहकहों की, सौगात नहीं रही।

मेरा कसूर क्या है, क्या उनकी भी खताएं,
बदली गयी फिजा तो, बदली सी हैं हवाएं।
आलम में नेह की अब, वो बरसात नहीं रही।

खेलें यकीं यकीं फिर, वो खेल खत्म सा है,
इनायतों का किस्सा, कहते हैं सितम सा है।

अब मेरे दायरों में, उनकी कायनात नहीं रही।

बदला हुआ है मौसम, वो बात नहीं रही,
वो बदले हैं या कि हम, वो बात नहीं रही।

19. बढ़ें बेटियाँ

पढ़ें बेटियाँ, और बढ़ें बेटियाँ,
सफलता की सीढ़ी, चढ़ें बेटियाँ।

इस जमाने में, बेटों से कम नहीं,
बछेंद्री सी पर्वत, चढ़ें बेटियाँ।

दिल फूल सा, नाजुक इनका भले,
दुर्गावती सी रण में, डटें बेटियाँ।

कौन कहता है, पराया ही धन ये हुईं,
इंदिरा सा पथ भी, चुनें बेटियाँ।

पिंजरे से निकल, गगन नापने,
कल्पना सी नभ में, उड़ें बेटियाँ।

दुष्यंत भले इन्हें, चलें भूलकर,
भरत जैसे कुँवर भी, गढ़ें बेटियाँ।

रात इन्हीं से है, झिलमिल हर चाँद की,
सुबह की किरण भी, बनें बेटियाँ।

प्रेम के नाम पर, ना छल पाए कोई,
राधा सी पावन, बनें बनें बेटियाँ।

आँचल माँ की दुआ, मान बाबुल का,
सम्मान पिया का भी, बनें बेटियाँ।

20. खुदा ढूँढते

नासमझ थे जो, अहदेवफ़ा ढूँढते थे।
अपने कूचे में, कोई खुदा ढूँढते थे।

ये जानते हैं कि, हर एक शै में खुदा है,
मंदिर मस्जिद में, उसका पता ढूँढते थे।

पता थी मिला है, वो रकीबों से जाकर,
दोस्तों में उसको, बेवजहा ढूँढते थे।

बेशक निशाना, कभी सधा ही नहीं,
कुछ तीर हरपल, कमां ढूँढते थे।

हैरान नहीं अब, तोहमतों से मैं उसकी,
हम शिकवों में, उसकी अना ढूँढते थे।

वफा के सफर का, वफा ही सिला हो,
नादान थे हम भी, ये क्या ढूँढते थे।

दिल की गली से, वो गुजरा था एक दिन,
हम अब तक उसके, निशां ढूँढते थे।

घर घर चरागों को, रोशन रखे जो,
फिजाओं में ऐसी, हवा ढूँढते थे।

21. आईना धुंधला नहीं

धूल चश्मे पर है तेरे, ये आईना धुंधला नहीं,
दिल को अपने साफ रख, चेहरे पे चेहरा नहीं।

जिसको समझे हमनशीं, हमराज भी हो ना सका,
दिल को बचाकर मैं भी रख लूँ, ये मेरा दावा नहीं।

हर बात हमको कुफ्र है, वो जिससे तेरी रुसवाई हो,
पर जब्त मैं कितना करूँ, मैं भी तो दरिया नहीं।

मत कुरेद जख्म को, भर जाने दे जाने सितम,
नासूर बन जाता है वो, जो अर्से तक भरता नहीं।

चार दिन की चाहतें थीं, चार दिन की हसरतें,
हमने तो यह भी सुना था, प्यार कभी मरता नहीं।

22. मसअले भी नहीं

यूँ तो दरम्यां ऐसे कुछ, मसअले भी नहीं,
साथ चलने के लेकिन, सिलसिले भी नहीं।

अंदाज तो उनका भी, दुश्मनों की तरह,
मगर कहते हैं, दुश्मन से मिले भी नहीं।

शाख से गिर गए, बेवक्त पतझड़ की तरह,
उम्मीदों के गुल जो कि, खिले भी नहीं।

हमसफर थे मगर, कभी हमनफस ना हुए,
और कहते रहे, कि कुछ गिले भी नहीं।

जख्म भर भी दिए जो, वक्त ने अब मेरे,
दाग तो उनके अब तक, धुले भी नहीं।

दस्तक दे देकर हाथों से, मेरे टपका लहू,
उसके दरवाजे दिल के, खुले भी नहीं।

फिर भी आबाद हैं, हम और गुलजार भी,
हम उनकी तरह तो, दिलजले भी नहीं।

23. तेरे दर पर

कैसे भुलाऊँ आखिर, वो गुजरा हुआ जमाना,
आते ही तेरे दर पर, इस दिल पे चोट खाना।

मन के मंदिर में लगी थी, प्यारी सी तेरी मूरत,
हुआ सामना तो देखी, एक जुदा ही तेरी सूरत।
कूचे में तेरे आकर देखा, मौसम बड़ा बेगाना।
कैसे भुलाऊँ आखिर, वो गुजरा हुआ जमाना।।

मुमकिन था टूट जाते, दिल की तरह से हम भी,
अच्छा था कि रहे थे, मेरे राबतों में गम भी।
सीखा था जख्म खाके भी, हमने मुस्कुराना।
कैसे भुलाऊँ आखिर, वो गुजरा हुआ जमाना।।

क्या थी खता हमारी, नहीं तूने कभी बताया,
सोचा बहुत था मैंने, नहीं मेरी समझ भी आया।
क्यों बन गया था आखिर, एक बात का फसाना।
कैसे भुलाऊँ आखिर, वो गुजरा हुआ जमाना।

आते ही तेरे दर पर, इस दिल पे चोट खाना।।

24. अंदाज

ये भी एक अंदाज है,आखिर पुराना आपका,
आते आते बज्म से,फिर लौट जाना आपका।

हमने तो अपनी जगह,तेरे दिल में कब की ढूँढ ली,
हुआ नहीं अब तक मुकर्रर,क्यूँ ठिकाना आपका।

कितने बहाने हो चुके,और कितनी हुईं मजबूरियाँ,
लगने लगा है झूठा मुझको,अब हर बहाना आपका।

हमने अपनी जिंदगी जब,नाम तुम्हारे कर ही दी,
खत्म क्यूँ होता नहीं ये,हमें आजमाना आपका।

कहते कहते रुक गयी,फिर से जुबां कह न सकी,
ये किस गली का है सनम,दिल दीवाना आपका।

25. जिंदगी

कितनी खलिश फिर भी, मुकम्मल थी जिंदगी,
ठहरे हुए दरिया की, कोई हलचल थी जिंदगी।

किसका कसूर क्या, कसूरवारों पे छोड़कर,
बढ़ गयी सफर को, नहीं संगदिल थी जिंदगी।

दिल में मुकाम तेरा, मंजिल का रास्ता भी तू,
सहरा में भी फूलों का, जंगल थी जिंदगी।

उस तीरगी में भी, कितने जुगनू चमक उठे,
मेरे हसीन दर्द की, कोई गजल थी जिंदगी।

तन्हाइयों में कर लीं, हमने खुद से ही गुफ्तगू,
गमेहिज्रां के बियाबां में भी, संदल थी जिंदगी।

माँगी नहीं हमने कभी, खैरात ए करम तेरी,
सदमे उठाए हँसके, गम ए महफिल थी जिंदगी।

26. अपने भी दिल

अपने भी दिल में, झाँककर देखा करें जनाब,
अपनी भी हिमाकतों पर, सोचा करें जनाब।

जुल्मोसितम की आपके, फेहरिस्त है बड़ी,
गाहे बगाहे उसको भी, देखा करें जनाब।

उम्मीद नहीं कुछ भी, दरकार तो फिर भी है,
दामन छुड़ाके ऐसे, ना निकला करें जनाब।

ख्वाहिश नहीं हैं कुछ, ना ही अरमान ही बचे,
घर की जरूरतों को, तो देखा करें जनाब।

मुँह मोड़ना तो किसी भी, मसाइल का हल नहीं,
जरा मुस्तकबिल को सामने, देखा करें जनाब।

27. हँसकर

किए जा बेरुखी का,इजहार हँसकर,
मगर चलते नहीं यूँ,घरबार हँसकर।

कूचे में तेरे सहा,आते ही क्या क्या,
यह भी सहेंगे,हम वार हँसकर।

ताब किसमें क्या,कि लूटे हमें ही,
हम खुद ही लुटे हैं,दिलदार हँसकर।

कितने फरेब इस,जीवन में मैंने देखे,
फरेबी कर लूँ,तुझे भी शुमार हँसकर।

कई दोस्त मिले,बड़े ही सादा सहज से,
तू भी सहज हो,कभी एक बार हँसकर।

शह और मात का,खेल क्यूँ मुझी से,
छोड़ भी दे अब,ये जीत हार हँसकर।

दरकार नहीं मुझपे,अहसान करे तू,
कभी फर्ज निभा,एक बार हँसकर।

तेरा मेरा छोड़,अब मुस्तकबिल सँवारे,
भेदों की गिरा दे,यह दीवार हँसकर।

सोचा है दिल हम भी,वापिस ही ले लें,
कर तू मुहब्बत का,इनकार हँसकर।

28. ले चले

दिल में अपने दर्द का, एक दरिया ले चले,
क्या कहें महफिल से, तेरी क्या क्या ले चले।

आगे बढ़े तो पीछे भी, मुड़ सौ बार देखा है,
हम मुद्दतों का साथ में, एक रास्ता ले चले।

वो सोचते हैं बढ़ गए, हम यूँ ही खाली हाथ,
हम रिवायतों का साथ में, एक दस्ता ले चले।

दुआओं से मंहगी चीज, कोई जमाने में नहीं है,
कैसे कह दें सामान कोई, हम सस्ता ले चले।

आरजू के आसमां पर, हम कुछ देर ठहरकर,
आँखों में अपनी अभ्र का, कोई टुकड़ा ले चले।

तुम दूर से देखो हश्र, अपनी अपनी चाल का,
अपनी अना का साथ में, हम बिरसा ले चले।

29. बात रख ली

हमने उसकी बात रख ली, और दिल समझा लिया,
दे डाली उसने कसम, तो हमने भी वायदा दिया।

ले गया है साथ अपने, वो महफ़िल से सारी रौनकें,
समझ नहीं आया हमें भी, हमने ऐसा क्या किया।

खामोश हूँ मैं आजकल, और पढ़ रहा हूँ मौन को,
मिल रहा हूँ खुद से भी कुछ, जा तेरा भी शुक्रिया।

हमको भी कितने भरम थे, टूटे हकीकत देख ली,
दिखला गया है जाते जाते, आईना अच्छा किया।

भूल जाना हमको तू भी, यही कोशिशें हम भी करें,
आबाद रहे महफिल तेरी, दिल से तुझको है दुआ।

शिद्दतों के इस रिश्ते पर, आखिर अना भारी पड़ी,
तूने फिर फिर वही किया, जो तुझे अच्छा लगा।

30. सबसे खास

मेरी दोस्ती की किताब में, तेरा नाम सबसे खास था,
मैंने भुला दिया हर एक को, तू ऐसा अहसास था।

कभी तनहाई से डर गया, या दर्द से दामन भर गया,
मुझे ऐसा लगा तू साथ है, तू हमेशा आसपास था।

तू बहम था या यकीन, आज हो गयी है कशमकश,
क्या कह दिया तूने भला, मैं आज बहुत उदास था।

तेरी तोहमतें सब बेवजहा, तेरी तल्खियाँ हैं बेसबब,
तूने खींच दी क्या लकीर सी, मैं कौन सा संत्रास था।

मेरी जिंदगी में उलझनें, यूँ भी तो कुछ कम न थीं,
तूने दे दी ये कैसी कसम, तेरे साथ एक उजास था।

तू जहाँ रहे खुश रहे, मेरी तुझको दुआ है पुरअसर,
मैंने देखे हैं ऐसे दौर कई, मुझे इसका भी आभास था।

31. लम्हे गुजर गए

जिनमें बँधे थे दोनों, वो लम्हे गुजर गए हैं,
अब हम भी कहाँ हैं पहुँचे, वो भी किधर गए हैं।

कभी साने पे उनके रोए, कभी दामन हमारा भीगा,
अब आँखों से आँसुओं के, तूफां उतर गए हैं।

अब उनकी ना तसल्ली, ना हमारी ही खैरियत है,
ये गुबार कहाँ से आकर, दिल में पसर गए हैं।

खामोशियाँ भी मुश्किल, कुछ बोलना भी दुष्कर,
आ आकर लफ्ज कितने, जुबां पे ठहर गए हैं।

बदगुमानियां भी बढ़ गईं, बेबाकियाँ भी हद की,
क्या अहसास सारे दिल के, कह दें कि मर गए हैं।

अच्छा हुआ कि तूने, हमें आईना दिखाया,
क्या क्या गुमां थे हमको, जो अब बिखर गए हैं।

32. ताल्लुक

ताल्लुक जो भी होना हो, इसी दौरान हो जाए,
कहीं ऐसा न हो रिश्ता, लहूलुहान हो जाए।

हम जमीं के लोग हैं, हमें आदत है मिट्टी की,
छोड़ जाना हमें तू, अगर आसमान हो जाए।

भूल गया है आजकल रख, खुद को ही जाने कहाँ,
अभी भी ढूँढ ले पाना कहीं, बेइम्कान हो जाए।

मैं हँसकर टाल जाता हूँ, उसकी तोहमतें कितनी,
जो मैंने तोहमत एक दे दी तो, जां हलकान हो जाए।

कितना लहजा शीरीं है, जो शक्कर छोड़ दी उसने,
जो मैं भी कड़वा हो जाऊँ, तो हैरान हो जाए।

बहाने ढूँढता है वो, अक्सर मुझको छोड़ जाने के,
कुछ परवाह नहीं महफिल, भले वीरान हो जाए।

वो कितनी कशमकश में है, मुझ पर राय रखने में,
वो कुछ भी नाम दे डाले, मुझे आसान हो जाए।

खलिश कोई भी हो, जज्बात को जिंदा रखती है,
इंसां मगरूर हो बैठे अगर पूरा, हर अरमान हो जाए।

33. लिख रहे हैं

हम भी मजबूर अपने ही दिल से, दिल का गुमां लिख रहे हैं।
तुझको लिखना तो जानेसितम था, जान ए जहां लिख रहे हैं।

तेरे क्या क्या सितम मेरी जां पर, खुद तुझको भी खबर नहीं,
तुझको लिखना था दुश्मन ए जाना, जान ए जहां लिख रहे हैं।

बाद मुद्दत मिला खत उनका, क्या कहूँ क्या क्या लिखा है,
हम समझे लिखेंगे बेकरारी, वो दिल का समाँ लिख रहे हैं।

तेरे गुलाबी लबों पर, दिल तो पागल था जो मर मिटा था,
ये लिखने न दे सितमगर, तुझको जान ए अदा लिख रहे हैं।

तुझको आते हैं बहाने बनाने, मेरी बातों का लहजा है सादा,
तेरी गुस्ताखी तुझे मुबारक, हम तो दिल का कहा लिख रहे हैं।

भूलकर भी भूलते ही नहीं, तेरी इनायतें भी देखीं थीं कभी,
तू मुसाफिर राह ए वफा का, हम मंजिल का पता लिख रहे हैं।

हर शिकायत में कितनी मुहब्बत, तू सुने तो कभी बैठकर भी,
फिर न कहना क्या लिख दिया, हम हर्फ ए बयां लिख रहे है।

34. देश के गद्दारों

डूब मरें चुल्लू भर पानी में, कहो देश के गद्दारों को,
लाज शर्म स्वाभिमान को, जो बेच आए बाजारों को।

भेष बनाकर भूमिपुत्र का, चले दलाली करने को,
आए माँगने हक किसान का, चले तिजौरी भरने को।
भोला अन्नदाता भरमाया, नहीं क्षमा मिले मक्कारों को।

इसी तिरंगे की खातिर तो, रक्कासा तक जाग उठीं,
सिक्के उनके बारूद बने थे, कोठों से भी आग उठीं।
सुनते हो वाहे गुरु की वाणी, पनाह दे रहे सियारों को।

याद करो साहिबजादों को, कर्ज है उनका नस्लों पर,
ये कैसा तेजाब छिड़क रहे, आन बान की फसलों पर।
शेर उबल गए तेल ख़ौलते, तुम भूले देश दुलारों को।

अपमान तिरंगे का कर डाला, जो सजा खून से वीरों के,
आज हाथ से फेंक ही डालो, तुम्हें नहीं मोल शमशीरों के।

निगल गयीं जो राजदुलारे, याद करो उनकी दीवारों को।

बापू नहीं बोस के भी वंशज, अब सब सहकर नहीं बैठेंगे,
न्याय मिले पर राजदण्ड भी, वो खाल खींचकर रख देंगे।
लालमहल नहीं ये है हृदय देश का, न्याय मिले प्राचीरों को।।

35. अन्नदाता

शीत लहरों में ठिठुरता, अन्नदाता देश का,
दरबार से पुकार करता, अन्नदाता देश का।

दिल्ली के रखवाले देखो, रास्ता रोके खड़े हुए,
इंसाफ की गुहार करता, अन्नदाता देश का।

फड़क उठे बाजू जो उसके, खोद देगा नींव को,
सब्र की अभी आह भरता, अन्नदाता देश का।

अपने अपने पेट जब, भरने की सबको होड़ है,
सबका है सरोकार करता, अन्नदाता देश का।

रास्ता निकले बीच का, सबका ही कल्याण हो,
कठपुतली बन रक्स करता, अन्नदाता देश का।

किसकी क्या चाल है, कैसे जाने वो भला,
भय के कुएँ में उतरता, अन्नदाता देश का।

जा रहीं ये जानें जितनी, इनका कौन जिम्मेदार है,

किसके भरोसे दम है भरता, अन्नदाता देश का।

तुझे लगाकर दाँव पर, खेल कितने हीचल रहे,

क्यों खुद नहीं संवाद करता, अन्नदाता देश का।

तेरा था हमदर्द और, तुझसे इतना ही प्यार था,

तो कबकी तेरी वह पीर हरता, अन्नदाता देश का।

दिग्भ्रमित होना नहीं, खुद अपने कर फैसले,

तेरी नहीं कोई बात करता, अन्नदाता देश का।

36.चाँद सा मुखड़ा

देख के तेरा चाँद सा मुखड़ा, चाँद भी हमको नहीं भाता,
जब से तुझको देखा है, एक पल को भूला नहीं जाता।

दिल पगला है दीवाना है, हर वक्त तड़पने की जिद है,
कैसे सम्हालें तू ही बता, अब हमसे सम्हाला नहीं जाता।

सारे जहां में तुझ जैसा, कोई और नजारा क्या होगा,
हर शै में तुझे देखते हैं, कुछ और नजर हमें नहीं आता।

तेरे बिना अब फीका है, हर रंग जमाने का मुझको,
देखके तेरे होंठ गुलाबी, फूलों का तबस्सुम नहीं भाता।

नजर मचलती है हर पल, दीदार तेरा फिर कब होगा,
महफिल हो या तनहाई, अब चैन कहीं पर नहीं आता।

37. राजधानी

जल उठे न साजिशों में, राजधानी देश की,
कैद है कुछ बंदिशों में, राजधानी देश की।

कौन अपना या पराया, जानना मुश्किल हुआ,
है चेहरों की आराइशों में, राजधानी देश की।

ऐसे कम ही बागवां, जिन पर वतन को नाज हो,
अपनी अपनी ख्वाहिशों में, राजधानी देश की।

कौन कब रोक दे, सड़कों का आकर कारवां,
है अजब ही सताइशों में, राजधानी देश की।

अपने अपने हैं निशाने, अपने अपने तीर भी,
किसकी कमां गुंजाइशों में, राजधानी देश की।

38. आईना

उसने देखा हुस्न ही अपना, मैंने देखा आईना,
ऐब दिखाए तूने मुझको, शुक्र है तेरा आईना।

उसने खिड़की दरवाजे, सजा लिए हैं परदों से,
मैंने अपने घरआँगन में, एक लगाया आईना।

किससे पूछूँ ऐब मैं अपने, किससे दोष विचारों के,
ऊपरवाले शुक्र है तेरा, दिल को बनाया आईना।

लाख मिटाया वजूद मेरा, लेकिन मिटता क्यूँकर ये,
सौ सौ टुकड़े होकर भी, तो अक्स दिखाया आईना।

एक शिकायत हमको भी, दुनिया और दुनिया वालों से,
लब पर शीरीं हाथ में खंजर, मुँह को छुपाया आईना।

हमने सुना पत्थरदिल वो, हमको बताता फिरता है,
उससे कह दो होश सम्हाले, क्यूँ टकराया आईना।

आईने की फितरत भी क्या, ऐब निकाले औरों में,
उसे फिर किसी मोल न पूछा, जब धुंधलाया आईना।

मुद्दे से मुझको भटकाना, उसकी पुरानी फितरत है,
मैंने भी अब करके माना, उसको दिखलाया आईना।

39. वक्त की बिसात

दामन नहीं तुम्हारा, तो ये कागज भर दिए,
ऐसा नहीं कि जाया, अश्क ए गौहर कर दिए।

तुम थे असीर ए जब्त, तुम्हें कब रोना कबूल था,
रो रोकर हमने ख्वाब में, तकिए तर कर दिए।

हम तो बहल गए थे, कुछ बेबुनियाद वायदों से,
इतना सा बस मलाल रहा, ख्वाब बेपर कर दिए।

हमने उड़ान छोड़कर, जमीं में ख्वाब बोए हैं,
आँसुओं से सींचकर, गुलजार बंजर कर दिए।

वक्त की बिसात पर, फिर कुछ दाँव लगा बैठे,
दिल की ख्वाबगाह से, दर्द बाहर कर दिए।

कितने दर्द आ बसे थे, हमारे दिल की बस्ती में,
हमने भी बस्ती फूँककर, सब बेघर कर दिए।

ऐ नए दौर की साहिरा, तेरा जादू कमाल था,
दरियादिली की मिसाल भी, तूने पत्थर कर दिए।

40. बस्ती का हाल

महलों से निकल, बस्ती का भी हाल जानिए,
जो उबल रहा है जहन में, वो ख्याल जानिए।

शीतलहर चल पड़ी, गर बूढ़े दरख़्त जम गए,
ताजा हवा हो जाएगी, फिर मुहाल जानिए।

मसनद ए खास से, बस इतनी गुजारिश है,
जाइए इसकी तह तक, क्यूँ है बबाल जानिए।

घर बार छोड़कर ये, आपकी इनायत चाहते हैं,
मुश्किल हो जाएगी, जो आ गया उबाल जानिए।

ये आपके अपने हैं, इन्हें गले लगाइए हुजूर,
साजिशों का इनको, आप क्यूँ जाल जानिए।

मौकापरस्त लोग कुछ, हवा देते होंगे लाजिम,
वो खुद हो जाएंगे एक दिन, हलाल जानिए।

बहुत दुश्वारियों में गुजरा, ये बीता साल तो,
अब चाहता क्या आपसे, नया साल जानिए।

41. तेरे सब कानून

तेरे सब कानून, हमारे ठेंगे पर,

बोले अफलातून, हमारे ठेंगे पर।

लाभ हानि की बात नहीं है,

बात है तुझे झुकाने की,

क्या क्या रणनीति बना रहे,

हम तुझको धूल चटाने की।

यूँ तो देख लिफाफा समझ गए,

तेरे खत का सब मजमून, हमारे ठेंगे पर।।

तेरे सब कानून, हमारे ठेंगे पर।।

तेरी बातें हैं लच्छेदार,

तेरे ख्वाब सभी शादाब।

हम नहीं हटेंगे फिर भी,

जा ले आ लश्कर लाब।

सब दिल्ली के हारून, हमारे ठेंगे पर।।

तेरे सब कानून, हमारे ठेंगे पर।।

बिल दोधारी तलवार,

यह नहीं स्वीकार हमें।

यह तो तेरे मन की बात,

है यूँ भी प्रतिकार हमें।

चाहे भीग जाए पतलून, हमारे ठेंगे पर।।

तेरे सब कानून, हमारे ठेंगे पर।।

मन में हमारे चोर कहीं,

न जनता मुरीद बने।

खुशरंग बाँके की होली,

या कि जुम्मन की ईद मने।

जले दिल्ली या देहरादून, हमारे ठेंगे पर।।

तेरे सब कानून, हमारे ठेंगे पर।।

भूले पंच प्यारे बलिदान,

और सिंह की पगड़ी को।

और समझ रहे अभिमान,

दलाल की दमड़ी को।

देश के ख्वाब भी महरून, हमारे ठेंगे पर।।

तेरे सब कानून, हमारे ठेंगे पर।।

बोले अफलातून, हमारे ठेंगे पर।।

42. बारिश और शीत

बारिश और शीत में, वो खुद को ढालते हैं,
आग सी तपिश में, फिर बदन उबालते है।

लिपटते हैं अपनी सौंधी, मिट्टी की खुशबू में,
तब कहीं जाके, जमीं से दाने निकालते हैं।

ये किसकी तिजौरी में, भरने की कोशिश है,
वो जमीन के जिगर से, खजाना निकालते हैं।

उनकी ही गर्दन को, न यूँ फंदे बनाओ रेशमी तुम,
जो फकीरों से लेके, शाहों तक के पेट पालते हैं।

याद होगा ये कि बंदूक भी, बोई गयीं खेतों में,
भूल गए इतिहास से, उदाहरण निकालते हैं।

जुनून हो तुम्हारा न, जिद भी हो न उनकी,
आओ बीच का कुछ, रास्ता निकालते हैं।

वो शान हैं हमारी, तो तुम मान हो हमारा,
आओ मिलजुल मसले का, हल निकालते हैं।

43. हौसला

जुगनू को सितारों में, बदलना चाहता है,
उसका हौसला दुनिया, बदलना चाहता है।

तीरगी बढ़ी शब का, शायद आखिरी पहर है,
कोई किरण सी है सूरज, निकलना चाहता है।

आग और पानी हैं, दोनों जिंदगी को जरूरी,
कौन है जो एक से ही, बहलना चाहता है।

एक दूसरे में दोनों, समाए हुए कुछ हैं ऐसे,
दर्द को निकालूँ, दिल निकलना चाहता है।

शमा ने कहा उससे, कुछ फासला है बेहतर,
पतंगे की हसरत कि, खुद जलना चाहता है।

क्या हो गया जमाने में, हर एक को न जाने,
कि रिश्तों के जाल से, निकलना चाहता है।

44. इंसानियत

रोशनी को एक शमा, फिर से जलाओ,
इंसान में इंसानियत, कुछ तो बचाओ।

हो गया है नौजवानों का, खून पानी,
खुद से भी एक जंग, होती है बताओ।

याद आते हैं, इतिहास के कई उदाहरण,
तुम खुदी बोस के वंशज, मत भुलाओ।

हो गए जो कान बहरे, मसनदी दीवान के,
कोई धमाका फिर करो, उसको सुनाओ।

हम भी कायल हो गए, तेरी अजीम ओ शान के,
बुलंदियों के ख्वाब तो, न यूँ मिट्टी में मिलाओ।

जमीं से जुड़े लोग ये, आसमां के नहीं मुन्तजिर,
हद से ज्यादा सब्र इनका, मत आजमाओ।

इल्तजा है सभी से, वक्त की कि आख़िरश,
नये का स्वागत करो, सब बीता भुलाओ।

ऊपरवाले तुझसे, गुजारिश है यही कि अब,
दुनिया पड़ी अजाब में, इसे तुम ही बचाओ।

45. जरूरी है

अश्क रिहाई को तड़पें, तो रोना जरूरी है,
दामन जलने से पहले, भिगोना जरूरी है।

शाखें वजूद महकाएं, तेरा फिजाओं में लाजिम,
यूँ भी खुद को मिट्टी में, कुछ बोना जरूरी है।

कभी बारिश की बूँदों से, खुशबू आए सौंधी सी,
मकां में कच्ची मिट्टी का, कोई कोना जरूरी है।

महल गाड़ी और गहने, किसे तस्कीन देते हैं,
मन में सन्तोष का थोड़ा, धन होना जरूरी है।

कटी फिर रात आँखों में, तेरा आना न हो पाया,
मिल लूँ ख्वाब में तुझसे, कुछ सोना जरूरी है।

सब कुछ पा लिया जाए, तो जीवन सतही हो जाए,
रहे कुछ खलिश सी बाकी, कुछ खोना जरूरी है।

46. हमकदम

साथ चल रहा था मगर, हमकदम नाराज था,
प्यार करने का उसका, जानेसितम अंदाज था।

उलझ कर मैं रह गया था, मुस्कराहटों के जाल में,
समझा नहीं मैं उम्र भर में, मेरा सनम नाराज था।

शायद उसका अश्क कोई, था कहकहों का मुन्तजिर,
कह रहा था आज जालिम, मैं तुझसे कम नाराज था।

हो सके तो भूल जाना, ये तल्खियों के सिलसिले,
दिल के सादा रास्तों का, पेच ओ खम नाराज था।

जिसके आने की खबर से, खिल उठे थे जिस्मोजां,
क्या खबर थी जिंदगी से, वो मोहतरम नाराज था।

47. इंसान भी होगा

हर आदमी के अंदर,एक इंसान भी होगा,
ये जानता हूँ कुछ भले ही,शैतान भी होगा।

हो दीन धर्म कुछ भी,हो सम्मान हर एक का,
तू माने अल्लाह जीसस,कहीं भगवान भी होगा।

कलियुग की रामायण,अब राम कहाँ से आएं,
मगर कभी तो रावण का, अवसान भी होगा।

तू लगा ख्वाहिशों पर,खुद ईमान की बोली,
चीखता तो तेरा मगर,कभी ईमान भी होगा।

काशी काबा से बढ़कर,पावन वतन की मिट्टी,
भेद भुलाके झाँक दिल में,हिंदुस्तान भी होगा।

48. रामजी की गुड़िया

कोई कागजों की कश्ती,फिर से कभी बनाए,
रामजी की गुड़िया को,फिर नाव पर बिठाए।

वो सादा सहज सा बचपन,जाने कहाँ है खोया,
कोई जाकर जहीन बच्चा,उसे फिर से ढूँढ लाए।

नहीं बची है आँगनों में,अब जगह दरख्तों को,
कोई बैठे कहाँ पे पंछी,कहाँ चिड़िया चहचहाए।

छूटे हैं पीछे कितने,सरमाए भी आशीर्षों के,
परियों की कौन उनको,अब कहानियाँ सुनाए।

दीवार उठा कर बैठे,हैं मजहब के ठेकेदार,
फिर जुम्मन की कैसे सेवईं,रामू के मन को भाए।

49. तूफां में सफीना

हम कैसे अदावत करते भला, वो दुश्मन जान से प्यारा था,
एक तरफ दिल नाजुक सा, एक ओर जहां ये सारा था।

लम्हे गुजरे दिन गुजरे, फिर यूँ ही मुद्दत गुजर गयी,
तूफां में सफीना घिरा रहा, नजरों से दूर किनारा था।

वो कर्ज वफाओं का लेकर, आया था गुजरी गलियों से,
वो हमसे तिजारत कर बैठा, मजबूर वक्त का मारा था।

मैं सौंप दूँ दिल की हसरत सब, अरमान रखूँ सब सदके को,
कभी कह तो सही ये लब से भी, धड़कन ने तुझे पुकारा था।

50. एक कश्ती

एक कश्ती बड़ी विवश होकर, लड़ी सदा तूफानों से,
पर कभी इनायत नहीं माँगी, धरती के भगवानों से।

समय की रेत पे निर्झरणी, बह आयी हमारे गलियारे,
गुजरे हैं यूँ तो हम भी, कई तपते रेगिस्तानों से।

आज हमारी खिड़की से, एक झोंका हवा का आया है,
जो लाया वफाओं की खुशबू, चाहत के बागानों से।

क्या फितरत कि कभी नहीं, गलती का अहसास हुआ,
होने को तो हो जातीं हैं, भूल कभी इंसानों से।

जब अपने मेरे हो न सके, कोई गैर इनायत क्या करता,
बस तेरी इनायत रहे मोहन, क्या आस करें इंसानों से।

कुछ मूल्य रिवायत नैतिकता, आँचल में मेरे छोड़ गए,
हम फिरते हैं लेकर पूँजी से, बड़ी साध और अरमानों से।

तुम इंसां रूप में देव तुल्य, कैसे नहीं पहचान सके,

बड़ी देर हुई तब समझ हुई, क्या भूल हुई नादानों से।

51. खुशियों की कलियाँ

बीते दर्द, भुलाकर देखे,
जख्म सभी, सहलाकर देखे।

खुशियों की, कलियाँ खिल आईं,
गम की धूप, नहाकर देखे।

खोटा सिक्का भी, सोने सा,
कोई उसे, तपाकर देखे।

कुछ लम्हे, जीवन भर कसके,
गीत गजल, सब गाकर देखे।

कदम कदम, आँसू और आहें,
खुदा जमीं पर, आकर देखे।

सच की राहें, इतने काँटे,
मुश्किल पाँव, बचाकर देखे।

जीवन सुख दुख, का गुलदस्ता,
दिल से उसे, सजाकर देखे।

जिसपे जितना, करो भरोसा,
उतना वो, आजमाकर देखे।

तूफानों की, नज़्र हुए सब,
जितने ख्वाब, सजाकर देखे।

हार अगर मंजूर, ना तुझको,
फिर क्यूँ दाँव, लगाकर देखे।

आईने की, फितरत देखो,
सबको ऐब, दिखाकर देखे।।

52. किससे कहते

किसने किया ये हाल हमारा, किससे कहते हम भला,
था साजिशों का खेल सारा, किससे कहते हम भला।

गैर तो फिर गैर ठहरे, उनसे क्या शिकवा गिला,
अपनों ने खंजर उतारा, किससे कहते हम भला।

जिसने दीं हमको सजाएं, जिसके थे लाखों सितम,
था वही जां से भी प्यारा, किससे कहते हम भला।

जां से लेकर रूह तक, जख्मों के थे सिलसिले,
दर्द ने मुझको सँवारा, किससे कहते हम भला।

जो हुआ सो हुआ, कट ही गया आखिर सफर,
दुश्वारियों ने और निखारा, किससे कहते हम भला।

हमसफर तू हमराज मेरी, ऐ शायरी तेरा शुक्रिया,
मिल गया तेरा सहारा, किससे कहते हम भला।

53. शिकायत

कितनी शिकायत, तुझको भी और मुझको भी,
फिर भी मुहब्बत, तुझको भी और मुझको भी।

दुनिया क्या और, दुनिया से क्या लेना देना,
पता हकीकत, तुझको भी और मुझको भी।

रहे सलामत गुलशन, ये सौ तूफानों में,
यही है चाहत, तुझको भी और मुझको भी।

रहे गिले जी भर भरकर, हम दोनों को,
प्यार इबादत, तुझको भी और मुझको भी।

खेल निराले कुदरत के, ये भी जाना हमने,
खामोश बगावत, तुझको भी और मुझको भी।

सितम किए तकदीर ने, चाहे जितने भी,
रखीं इनायत, तुझको भी और मुझको भी।

निशां रेत पर वक्त की, चल कुछ छोड़ चलें,
मिली नसीहत, तुझको भी और मुझको भी।

अपने थे या गैर थे, जो थे शामिल साजिश में,
नहीं कोई अदावत, तुझको भी और मुझको भी।

हमने निभाईं, मरकर भी किस शिद्दत से,
हैं प्यारी रिवायत, तुझको भी और मुझको भी।

54. साहिल की रेत

आज फिर उस आईने में, इंसान सा देखा,
कितनी दफा मैंने जहाँ, शैतान सा देखा।

यूँ ही गुजर आया था मैं, भँवरों से समंदर की,
साहिल की रेत पर मगर, तूफान सा देखा।

ये क्या सितम थे, कि मुझपे करम बन गए,
मुझे मुस्कुराता देख, उसे हैरान सा देखा।

किसकी दुआ साथ थी, सहरा में फूल खिले,
गुलशन भी कभी कभी, वीरान सा देखा।

जिसके ख्वाबों की ताबीर को, मैंने उम्र सौंप दी,
ख्वाहिशों से मेरी उसे, मैंने अनजान सा देखा।

सारी थकन उतर गई, सफर की जिस्म से,
छाँव लिए जब सर पे, मैंने ईमान सा देखा।

दुनिया की चकाचौंध से, खुद नजर मुड़ गयी,
दिल की तिजौरी में, पुराना सामान सा देखा।

कई जन्म देखे हैं मैंने, इस एक ही जन्म में,
बिन देह का कभी, कोई भगवान सा देखा।

55. जंग लगी क्या

जंग लगी है क्या भारत की, म्यान रखी तलवारों को,
मनमर्जी करते देख रहे हैं, लम्पट और मक्कारों को।

करो एक ही सजा मुकर्रर, टांग दो उन्हें चौराहों पर,
कुछ भी शर्म नहीं आती क्या, सत्ता और दरबारों को।

बेटी अपनी आन बान, शान है सत्य सनातन की,
भोग विलासी दीवाने ये, चीर दो इन गद्दारों को।

बल पौरुष अपना याद करो, शीश हथेली पर रखकर,
सिंह शावकों से तुम खेले, यहाँ जगह नहीं सियारों को।

गौरव अपना वापिस लाओ, लकीर खींच कर खूं से,
आग सीने में जिंदा रखो, ना बुझने दो अंगारों को।

नहीं दशहरे तक ही पूजन, करके शस्त्र भुला डालो,
सान चढ़ा लो अब तुम भी, उठाओ हाथ हथियारों को।

56. सिलसिला

हमको तेरे प्यार का, हर एक गिला अच्छा लगा,
चलता रहा जो उम्र भर, वो सिलसिला अच्छा लगा।

बढ़ गया है आजकल, ये शकर का रोग भी,
इसलिए इस रिश्ते में, थोड़ा नमक अच्छा लगा।

जिसको पाके फिर कोई, पाने की ख्वाहिश न हो,
सच पूछिए उस ख्वाब का, खोना ही अच्छा लगा।

हम तो दिल से जान तक, उसमें सरापा डूब गए,
उसका किनारे बैठकर, बस भीगना अच्छा लगा।

सौंपा था दिल का कंवल, मरके तुझपे जाबेजा,
तेरा इसकी पंखुरियों को, तोड़ना अच्छा लगा।

होती न दिल में कसक तो, शायरी क्या शायरी,
शेर ओ अदब शायरी का, ये जहां अच्छा लगा।

57. ऊपरवाले की रजा

नादान हैं जिन्हें नहीं, इस बात का पता,
हर फैसले में होती है, ऊपरवाले की रजा।

जो वक्त को मंजूर है, वही संजोग बनेंगे,
इंसान तो है कठपुतली, किसी डोर से बंधा।

सब इंसान के हो हाथ, तो दुनिया हो कुछ और,
न हो किसी को दुख कोई, ना बेवक्त की कजा।

जो हो गया वो हो गया, कुछ बदलेगा नहीं,
कोई एक खता की उम्र भर, क्यूँ पाता रहे सजा।

इतना गुरुर तुझको क्यूँ, अपनी बिसात पर,
पलट के कोई फैसला, तू भगवान का दिखा।

आग का दरिया भी जो, पार कर निकल गए,
आँखों के कुछ आँसुओं में, उन्हें देगा क्या डुबा।

माना कि हमारा मान हैं, कुछ अपनी रिवायतें,

नफरतों को पालकर, तो बस बिगड़ती है फिजा।

58. वश में अगर होता

उनके वश में अगर होता, उठाकर रख लिया होता,
चाँद को अपने कूचे में, सजाकर रख दिया होता।

क्या सल्तनत उनकी, वो मुनाफे के ही मालिक हैं,
खसारा तो हमारे ही हिस्से, भुनाकर रख दिया होता।

कोई उनसे जरा पूछे, क्या हकदार तुम ही तुम थे,
चिड़ियों के लिए कुछ दाना, बचाकर रख दिया होता।

सम्हाला होश जबसे था, हर एक जिद तुम्हारी थी,
किसी की एक जिद को ही, भुलाकर रख दिया होता।

हुआ आखिर क्यूँ ऐसा, कभी यूँ भी तो सोचते,
कुछ जिम्मेदार तुम भी थे, बताकर रख दिया होता।

बहुत गरजे हमेशा तुम, फिजा खामोश थी फिर भी,
जो बरसा आँख से पानी, छुपाकर रख दिया होता।

जमाने के खुदाओं तुम, सरापा अभिमान में डूबे हो,

नहीं बुलबुल से आँगन को, छुड़ाकर रख लिया होता।

59. जागीर

है जागीर बस उनकी, जिसे चाहें जगहा देंगे,
जो उनकी नजर में हो जुर्म, वो उसी को सजा देंगे।

याद आते हैं किस्से सौ, झूठी शान के उनकी,
मचल बैठे जो कुछ झोंके, नकाब चेहरे से हटा देंगे।

हमारे जब्त को यूँ भी, न इतना आजमाओ तुम,
हुए कमजर्फ जो हम, तुम कितने करमफरमा बता देंगे।

मशाल नफरतों की ले, दुहाई देते हैं उजालों की,
यूँ क्या एक दिन रिश्तों की, बगिया जला देंगे।

तीर लेकर कमानों में, बैठे हों जब अजीज अपने,
हम कैसे करें उम्मीद कि, वो जीने की दुआ देंगे।

लेकर आईने फिरते, दाग औरों के दिखाने को,
दिखा बैठा जो खुद के ही, आईने को सजा देंगे।

बालियाँ धान की ऐसी, जगह दूजी ही फलती हैं,
मगर कुछ बेशरम पौधे, जजीरे पे कब्जा जमा लेंगे।

सारी आबरू ओ इज्जत, हमारे दम पे उठा रखी,
बताओ किसकी जमानत है, वो घर को बचा लेंगे।

इन नाखुदाओं ने कभी, तूफान में छोड़ा था,
जब किसको खबर थी कि, थपेड़े ही बचा लेंगे।

कई फरमान ऐसे हैं, खुद को खुदा समझे जमाने का,
वो समझते हैं जमाने को, अपनी मर्जी से चला लेंगे।

60. गुफ्तगू

तन्हाइयों की भीड़ से, गुजरना पड़ा मुझे,
खुद से ही कर गुफ्तगू, सम्हलना पड़ा मुझे।

एक शख्स के गुरुर की, देखिए यूँ इंतहा हुई,
अपने ही कूचे से आख़िरश, निकलना पड़ा मुझे।

वो कह रहा है जहाँ तहाँ, न कोई मुझसा सुर्खरू,
रुसवाईयाँ जो चीखीं, रास्ता बदलना पड़ा मुझे।

मैं क्या करूँ कि, फिर हूँ उस मसलहत से रूबरू,
जिस मसलहत के ताप में, जलना पड़ा मुझे।

क्यूँकर अना इतनी बढ़ी, कि पर्वत ही बन गयी,
दिल पर लिए एक बोझ सा, चलना पड़ा मुझे।

होते हैं दुस्तर फैसले, यहाँ कुछ इस कदर भी,
वक्त को सर झुका बस, बहलना पड़ा मुझे।

जो गुज़र गया वह तो कभी, वापिस न आएगा,

कितने भी इम्तिहानों से, गुज़रना पड़ा मुझे।

मैं सोचता हूँ मिलूँ, तुझसे बनकर अजनबी,

अपने ही इस खयाल से, मुकरना पड़ा मुझे।

लेकर के अपना ये, शीशे सा दिल बार बार,

पत्थरों के शहर से भी, गुज़रना पड़ा मुझे।

61. साजिश

झेलम तेरे पानी को, लाल करने की साजिश है,
आजादी का झांसा दे, चाल चलने की साजिश है।

बन्द उनकी तिजारत हुई, ये कैसे गवारा करें,
ऐ वादी ए अमन तुझे, हलाल करने की साजिश है।

ये मौका परस्ती तो, फितरत ही पुरानी है,
मासूम जवानी में, उबाल भरने की साजिश है।

अब शाम ए सफर में भी, शोलों की तमन्ना है,
मुस्कुराती फिजाओं को, मुहाल करने की साजिश है।

ये रहनुमाई झूठी है, झूठे वायदे हैं उनके सब,
नस्लें अपनी फकत, मालामाल करने की साजिश है।

कभी जान हथेली रख, मैदां में आए हो क्या,
जनता में नफरत भर, कमाल करने की साजिश है।

62. फूल जैसे बच्चों को

फूल जैसे बच्चों को, आग से खिलाते हैं,
सियासत चमकती रहे, उनको बरगलाते हैं।

इंसानियत के दुश्मन हैं, क्या वे खुदा जानें,
जन्नत की हूरों का, उन्हें ख्वाब दिखाते हैं।

कोई पूछे जरा उनसे, ईमान कहाँ छोड़ा,
मजहब की दुकानों से, नफरत फैलाते हैं।

दिल से भरोसा कर, कभी देखो गले मिलकर,
तुम हमें आजमाओ तो, हम तुम्हें आजमाते हैं।

एक पेड़ की शाखाएं, हों जड़ें भी शायद एक,
चलो फिर से चमन अपना, गुलजार बनाते हैं।

अपने अपने खुदा सबके, सब पर मेहरबां हों,
तुम मदीने से देना अजां, हम मथुरा सजाते हैं।

63. कच्ची मिट्टी

बच्चों के सच्चे जहनों में, जो झूठी बातें डाल रहे,
　कोई उनसे पूछो कि ये, नफरत किस को पाल रहे।

कच्ची मिट्टी के बर्तन से, जो चाहो उस रूप गढ़ो,
नक्श बिगड़ के रह जाएं जो, ऐसी सूरत ढाल रहे।

फूल नुकीले हो जाते हैं, काँटों के संग रहते रहते,
खो न जाए कोमलता इनकी, इतना सा ख्याल रहे।

कथा कहानी के आंचल तो, यूँ भी उनसे रूठ गए,
नई दुनिया की चकाचौंध में, खुद ही खुद को ढाल रहे।

64. किरदार हुए फीके

किरदार हुए फीके, ईमान पर जबाल सा आया,
गुस्ताख हुई हवाएँ, तो फिजा में बबाल सा आया।

यूँ तो हम तैयार थे खुद, तीर सीने पर खाने के लिए,
घोंपा किसी ने खंजर पीठ में तो, मलाल सा आया।

लगा लगा बैशाखियाँ, सीढ़ी सफर की कितने चढ़े,
काटे किसी के पाँव, राह में साजिश ए जाल सा आया।

खामोशियाँ वीरानियाँ उदासियाँ, फना सब हुईं,
उतर मेरे आँगन में जब, कोई हिलाल सा आया।

यूँ तो सफर की शाम है, सूरज के तेवर नरम हुए,
हुई अना पर चोट तो, फिर से उबाल सा आया।

65. जिंदगी तेरी जिद

जिंजिंदगी तेरी जिद है, तो चल मान लेते हैं,
सुना भी है तेरे रस्ते, बड़े इंतहान लेते हैं।

जीने की तमन्ना है, तो मरने का ख़ौफ क्या,
हम अपनी अंजुरी में, तेरा तूफान लेते हैं।

जब धूप हो शिद्दत की, और दश्त में डेरा हो,
हम बेपरवाही की चादर, फिर तान लेते हैं।

कोई रंज नहीं उनका, जो छोड़ गए अपने,
हम गैर ही उनको चल, अब मान लेते हैं।

फौलादी इरादों की, कभी हार नहीं होती,
हार तो होती है उनकी, जो कि मान लेते हैं।

झुकते हैं पर्वत भी, उनकी जिद के आगे,
होती है फतह लाजिम, जो भी ठान लेते हैं।

ये किसने दस्तक दी, दरवाजे पर दिल के,
खामोश सी आहट भी, हम जान लेते हैं।

खुशबू के लिबासों में, खंजर भी होते हैं,
नादान नहीं इतने, सब पहचान लेते हैं।

66. अहसास की दौलत

मेरे दिल की तिजौरी में, अहसास की दौलत थी,
ऐ काश समझता तू, मुझे तुझसे मुहब्बत थी।

तेरी बज्म में आते ही, मेरे दिल को लगे सदमे,
ये वक्त की साजिश थी, या तेरी हिकारत थी।

मैंने दिल को हथेली रख, तेरा रास्ता देखा था,
इसे सौंप दिया तुझको, ये तेरी अमानत थी।

उम्मीद ये की मैंने, कि तू भी तो मेरा होगा,
मायूस किया दिल को, ये कैसी शराफत थी।

यूँ ठेस लगी दिल को, कि जिंदादिली भूल गया,
ये किसकी साजिश थी, किसकी अदावत थी।

मैं उजड़ गया होता, तिनका तिनका सा तूफां में,
किस दुआ का आँचल था, किसकी हिफाजत थी।

रिश्ते नाते बेच दिए, किया मोल शराफत का,
बाकी क्या दुनिया में, बस इतनी शराफत थी।

67. बड़े सलीके से

बड़े सलीके से, मुहब्बत में सजा दी उसने,
मेरी आँखों से, नींद ही उड़ा दी उसने।

मुझे कैद करके, अपनी चाहत के पिंजड़े में,
जाते हुए बाहर से, कुंदी लगा दी उसने।

सुबह आया तो, हाथ में एक गुलाब था,
इस तरह मेरी शिकवे को, हवा दी उसने।

वो रहबर भी है, और सितमगर भी मेरा,
कुछ इस तरह से, मुझसे वफा की उसने।

फेहरिस्त बड़ी है, उसके सितमों की यूँ तो,
मगर इनायतों की भी, कमी ना की उसने।

मैं पत्थरों के शहर का, मुसाफिर था,
और शीशे के घर की, दुआ दी उसने।

मैं लिखता रहूँ दर्द, यूँ ही जमाने भर के,
मुझे इसलिए भी, कलम थमा दी उसने।

68. खुश हूँ

खुश हूँ अपने हाल पर मैं, तुझसे गिला कुछ नहीं,
मगर ये न समझ लेना, कि तूने किया कुछ नहीं।

मैं तो फिर भी मुतमईन हूँ, अपने सफर की राह में,
तू भी इतना सोचना, क्या तूने गवाया कुछ नहीं।

इल्जाम मुझको दे रहा, तू दिन ब दिन हर बात पे,
हाथ रख कह दिल पे अपने, तेरी खता कुछ नहीं।

हिस्सों हिस्सों बंट रहा हूँ, हर दिन ही मैं बेवजह,
हर शाम थककर देखता हूँ, मेरा हिस्सा कुछ नहीं।

जगह जगह हो रहीं, गुफ्तगू ए साजिश मगर,
लाजिमी था जिसका चर्चा, वो चर्चा कुछ नहीं।

तुम हो दोनों आँख मेरी, तुम से जहां में रोशनी,
जिंदगी की साध हो तुम, तुमसे प्यारा कुछ नहीं।

69. एतबार

रिश्तों में एतबार, बचाए रखिए,
बस थोड़ा सा प्यार, बचाए रखिए।

हद से ज्यादा, बढ़ें न कहीं ये फासले,
थोड़ी सी तकरार, बचाए रखिए।

रो सके वो रखकर, सर साने पर कभी,
आँसुओं पर इख्तियार, बचाए रखिए।

नफरतों की भीड़ में, दो पल सुकूं मिले,
मुहब्बतों का एक दयार, बचाए रखिए।

यकलख्त उड़ गईं सब, हसरतें बनकर धुआँ,
मगर इस अंजुमन को यार, बचाए रखिए।

70. किसी दिन

आ दिल से सभी शिकवे गिले, निकाल किसी दिन,
जो बीत गयी उस बात पे, धूल डाल किसी दिन।

कूचे में तेरे आते ही,मैंने सदमात कई देखे,
चाहत का रख हाथ में,गुलाल कइसी दिन।
कहने को तो मेरा है तू, मगर इतना तो बता दे,
कभी पूछा तूने बैठकर, मेरा हाल किसी दिन।

ये दुनिया की दौड़ धूप, और मशीनी सी जिंदगी,
छोड़ इसे फुर्सत से कह, अपना हाल किसी दिन।

माना कि देखे हैं तूने भी, कई गम के जमाने,
मगर दिल के मिटा मेरे भी, मलाल किसी दिन।

गूँजी मेरी गजलों की, कई महफ़िल में तरन्नुम,
तू भी मेरे सुर से मिला, जरा ताल किसी दिन।

इस शहर ए सितमगर के, मैं कब तक सहूँ सितम,

हो न जाए मेरे हाथ से, कोई बबाल किसी दिन।

आँखों में बुझकर रह गए, कई ख्वाब हसीं से,
आ चल एक हसीं सफर पे, मेरे नाल किसी दिन।

फिर से एक बार लगा, चल दिल को दाँव पर,
हम भी फिर से देखें सिक्का, उछाल किसी दिन।।

71. परछाई

अपनी ही परछाई से, क्यूँ डरने लगा हूँ मैं,
ये किस तरह के ख़ौफ से, गुजरने लगा हूँ मैं।

ये बुतखाना ए दौर है, अहसास मर गए हैं,
ये नुमाइशों के शहर से, गुजरने लगा हूँ मैं।

तमाम उम्र हो गई, मुझे खुद को समेटते,
जाने क्या अजाब है, फिर बिखरने लगा हूँ मैं।

दुश्मन भी मेरा तू है, और तू ही दोस्त भी,
इस कशमकश के दौर से, गुजरने लगा हूँ मैं।

72. अबला की चीख

राजनीति का बना अखाड़ा, घर अबला की चीखों का,
फिर से मौसम सा बन आया, वोटबैंक की भीखों का।

खाकी किश्तों में नाप रही कि, कितना अत्याचार हुआ,
शर्म करो तुम भी इंसां हो, नहीं मोल लगाओ चीखों का।

सत्ता के लोलुप और भूखे, बाघ यहाँ पर घूम रहे,
बने शिकार आँसू आहें, नहीं फर्क किसी पे चीखों का।

इतने भी खुदगर्ज हुए क्यूँ, नीलाम किए हर गैरत को,
खुलकर मौका भुना रहे हो, लुत्फ मिले इन चीखों का।

डूब मरो चुल्लू भर पानी, और सियासत बन्द करो,
मुद्दे और मिल जाएंगे, नहीं करो तमाशा चीखों का।

करो भरोसा न्याय मिलेगा, और चटखारे बन्द करो,
स्तम्भ एक हो लोकतंत्र का, न व्यापार करो चीखों का।

इतना गर सब जोर लगाएं, संस्कार की खातिर भी,
हो सकता है अवसर न आए, फिर फिर ऐसी चीखों का।

बेटी तो बस बेटी होती है, चाहे जिसकी भी हो बेटी,
धर्म जाति का बंटवारा क्यूँ, रंग कोई नहीं चीखों का।।

73. गुबार क्यूँ

मुझसे रंजिश है जो तुझको, तो फिर प्यार क्यूँ,
गले मिलता है जो मुझसे, तो दिल में गुबार क्यूँ।

जो उतर गया है नशा, दिल से चाहत का मेरी,
तो फिर सरगोशियों का, तुझपे ये खुमार क्यूँ।

जरा सा मुनफ़रीद नहीं, मेरी बातों का आलम,
फिर भी तू मेरी बातों का, है तलबगार क्यूँ।

यूँ तो निभाया नहीं, कोई इकरार कभी तूने,
फिर भी दिल को तेरे, वायदे पर एतबार क्यूँ।

यूँ तो वफा का तेरी, मैं भी कायल हूँ बहुत,
फिर बनता है तू, मेरी नजरों में गुनहगार क्यूँ।

दिल में रहती है खलिश सी, तेरे साथ भी रहके,
तेरी महफिल में हूँ फिर भी, तेरा इंतजार क्यूँ ।

मिल नहीं पाता सुकूं, मुझको भी तुझे देखे बिना,
क्यूँ फिर इतनी तल्खियाँ, और ये तकरार क्यूँ।

74. पार्थ तुम्हीं हो

शोणित में अंगारे लेकर, निकलो चौक बाजारों पर,
पार्थ तुम्हीं हो इस युग के, क्यूँ मौन हुए दुराचारों पर।

वीर नहीं है भारत में क्या, धरा शौर्य से हुई खाली,
या सीना नहीं दहलता अब, अबला की चीत्कारों पर।

खाकी हो या खादी सबके, नकाब नोंच दो चेहरों से,
जवाब इन्हें भी देना होगा, क्यूँ लाज बिछी अंगारों पर।

क्षत्रियवंश हुआ निरंकुश, तब तब परशुराम बढ़े आगे,
आस तुम्हारे तेवर से है, सान चढ़ाओ कटारों पर।

रावण वंश समूल उखाड़ें, यूँ विधिना ने श्रीराम गढ़े।
तुम किरदार गढ़ो कुछ ऐसे, जो करें यकीं तलवारों पर।

पांचाली के आँचल तक, जब दुःशासन के हाथ बढ़े,
कुरुक्षेत्र की माटी रंग गई, कोहराम चाँद सितारों पर।

उसी वंश का शोणित इतना, कैसे विवश लाचार हुआ,
मौन देखता रह जाए जो, शीलहरण व्यभिचारों पर।

बहुत हुआ अब और नहीं, कानून बहुत लाचार यहाँ,
बचा नहीं यकीन हमें अब, सत्ता और दरबारों पर।

75. वक्त की हवाएँ

जब हो गयीं मुनाफिक, अब वक्त की हवाएँ,
जी चाहे भूल जाऊँ, वो खलिश वो सदाएँ।

वो अश्क और आहें, आचमन समझकर,
मैंने सब गले लगाए, हों जिसकी बद्दुआएँ।

हम वो नहीं पलटकर, तुझे बद्दुआ ही देते,
दुश्मन को भी हम तो, देते हैं बस दुआएँ।

आखिर फरेब खाकर, सीख गए हम जीना,
पहुँचे हैं हम वहाँ तक, जहाँ जख्म मुस्कुराएँ।

अदब ओ अदीब गजलें, राह ए सुखनवरी में,
अश्कों की स्याही लेकर, हम दर्द गुनगुनाएँ।

76. हर खुशी निसार

तेरे गम से भी प्यार, रखते हैं,

तुझपे हर खुशी निसार, रखते हैं।

नींदें सौंप दी हैं, तेरे ख्वाबों को,

तेरा इस कदर, इन्तजार रखते हैं।।

हम तो हर शाम, अपनी महफ़िल में,

ख्याल लेकर के, तेरा ही दिल में,

आँखों के दीये, रखकर दर पर,

तेरी दस्तक का, इंतजार रखते हैं।।

तेरी उदासियों का, सबब क्या है बता,

राज खामोशियों का, क्या है बता।

तेरी बेरुखी के, खंजर मेरी हमदम,

रूह तक को बेकरार, रखते हैं।।

कौन है वो, जो तुझमें समाया है,

तेरे मेरे दरम्यां, अभी तक छाया है।

तू कह तो सही, लबों से भी कभी,

हम यूँ भी खुद को, तैयार रखते हैं।।।

77. तेरे कूचे में

तेरे कूचे में आया, अपनी गली छोड़कर,
तुझको माना खुदा, बन्दगी छोड़कर।

मगर तू मिला, मुझसे अजनबी की तरहा,
तू बढ़ ना सका, अपनी गुमशुदी छोड़कर।

तुझे गुजरे जमाने का, नशा इस कदर,
साथ आ ना सका, बेखुदी छोड़कर।

खोया खोया रहे, तू न जाने कहाँ,
क्यूँ जजीरा तलाशे, नदी छोड़कर।

78. मैं हैरान था

मैं हैरान था, एक नदी देखकर,
उसकी बेचैनियाँ, बेकली देखकर।

लाख अरमान लेकर, दिल में चली,
पर्वत देखता रह गया, बेरुखी देखकर।

वो बढ़ती गयी, एक जुनूं को लिए,
किनारे मुस्कुराए, बेखुदी देखकर।

उसकी जिद थी, उसे न रोक पाया कोई,
रास्ते बनते गए, उसकी बन्दगी देखकर।

समंदर में गिरते ही, वजूद मिट गया,
समंदर हँसा ये, खुदकुशी देखकर।

79. दुआ है

तुम मेरे वजूद की, पहचान बनो दुआ है,
मेरी खुशी मेरा, स्वाभिमान बनो दुआ है।

तुमसे लगाई मैंने, उम्मीद रिवायतों की,
तुम मेरी देहरी का, मान बनो दुआ है।

गौरवमय हो माँ का आँचल, पाकरके तुम्हें,
मेरी धरा का तुम, आसमान बनो दुआ है।

कम नहीं हो तुम, किसी बेटे से किसी तरह,
हर माँ बाप का तुम, स्वाभिमान बनो दुआ है।

परवरिश का मेरी, तुम मान रख कर चलो,
दो दो घरों का तुम, सम्मान बनो दुआ है।

80. माँ का आँचल

अपनी ही माँ का आँचल, तार तार कर रहे हैं,
दौलत की खातिर यूँ भी वो, व्यापार कर रहे हैं।

स्तम्भ एक कहते जिसे, लोकतंत्र के भवन का,
शहतीर वही भवन के, सरेबाजार कर रहे हैं।

खाते कसम जो हैं, करेंगे संविधान की हिफाजत,
वही रुतबे की आड़ इसको, बेजार कर रहे हैं।

उनको मिली है वर्दी, रहे चैन से आमजन भी,
शाहों की चाटुकारी से खाकी, शर्मसार कर रहे हैं।

सीमा के प्रहरियों को, कोटिश नमन हमारा,
जो दे देके जान तक भी, चमन गुलजार कर रहे हैं।

81. नौजवानों का खूं

नौजवानों का खूं, जब उबलने लगे।
तो दुश्मन भी खेमा, बदलने लगे।।

ऐसी जवानी इस, नस्ल को मिले,
कि दुश्मन का सीना, दहलने लगे।

पाँव मारें वो, जो पुरजोर कहीं,
तो जमीं से फब्बारा, निकलने लगे।

वो गरजने लगें, तो सुनकर उन्हें,
आसमां भी करवट, बदलने लगे।

उनकी कसती हुई, मुट्ठियाँ देखकर,
कोई तूफां भी, रास्ता बदलने लगे।

तुम्हीं हो किसी भी, वतन का गुरूर,
तुम्हारे सदके को, सदका मचलने लगे।

लहू से लिख दो, वतन की इबारत,
हाथ दुश्मन भी अपने, मलने लगे।।

82. बाकी था

तुझसे मिलके भी, तेरा इंतजार बाकी था,
बेकरार दिल में, कुछ करार बाकी था।

यूँ तो निकाल दिए, सभी गिले दिल से मैंने,
फिर भी दिल में, कुछ गुबार बाकी था।

मैं सितम दर सितम, तुझे माँफ करता रहा,
शायद दिल पे तेरा, इख्तियार बाकी था।

मेरे सब्र ओ अलम का, तो कायल था मैं भी,
हाँ अभी ख्वाहिशों का, शिकार बाकी था।

तेरी संगदिली की शिकायत, न की तुझसे कभी,
अभी तक मैं कुछ तो, खुद्दार बाकी था।

मैं करता रहा सज़दे, तेरी इबादत गाह के,
तू मेरा है मुझको, एतबार बाकी था।

83. प्रेम

प्रेम क्या है कोई, छल तो नहीं,
झील में प्यासा, कमल तो नहीं।

अपने ही अंदर, कोई खुद खो जाए,
ये भुलभुलैया, कोई जंगल तो नहीं।

काफिये जिसके, शबनम ने लिखे,
शब ए हिज़्र की, कोई गजल तो नहीं।

दाग दिल को मिले जो, धुल जाएं सब,
आँसुओं का ये, गंगाजल तो नहीं।

ख्वाब आँखों ने, यूँ ही जो देखे कभी,
उसके बदले बहा, काजल तो नहीं।

खुद को बरबाद, करने का जुनून जाबेजा,
हसरतों का मचलना, पलपल तो नहीं।

या फिर रूह तक, महक जाए ख्याल भर से,
ये ऐसी कोई, वादी ए सन्दल तो नहीं।

84. क्या सोचा था

क्या सोचा था मैंने, और क्या निकला,
तेरे कूचे में आते ही, दम सा निकला।

मुद्दत हो गयी, यूँ तो उन जख्मों को,
आज देखा तो, हरएक जख्म हरा निकला।

तूने इनायतें गिनाईं, कितनी बार मुझे,
मैंने समझा था खुदा, तू नाखुदा निकला।

मैंने हर बार सम्हाला, खुद को शिद्दत से,
मगर हर बार, नया इन्तहां निकला।

बड़ी चतुराई से, छुपाए दाग चेहरे के,
कितना झूठा मेरा, आईना निकला।

खुली थी खिड़की, कोई दबे पाँव घुस आया,
मेरी गली से गमों का, कारवाँ निकला।

कोई हमनफस नहीं, दुनिया की भीड़ में,
मैं देखने को तो यहाँ, सारा जहां निकला।

मैं लेके थकन पाँवों की, रुक भी गया होता,
बड़ा ही जिद्दी मगर, मेरा हौसला निकला।

बहने लगे अशआर, मेरी कलम से यूँ ही,
अश्कों का कोई, पुराना सिलसिला निकला।

मैंने दे ही दी शिकस्त, उदासियों के दरिया को,
मुझे डुबाने तो, लहरों का काफिला निकला।

अब मेरी जगह रहता है, घर में मुझसा कोई,
ढूँढा मैंने भी तो, मैं ही लापता निकला।।

85. इंतजार था

मौसम के बदलने का, इंतजार था हमको,
पत्थर के पिघलने का, इंतजार था हमको।

एक चिंगारी तो, सुलग जानी लाजिम थी,
कब बस्ती के जलने का, इंतजार था हमको।

किस धूप ने गुलशन के, नक्श बदल डाले,
वरना तो फिजाओं पर, एतबार था हमको।

कुछ बारिश की बूँदों ने, तस्वीर को धो डाला,
बड़ा अपने रंगों पर भी, एतबार था हमको।

हम पार उतर आए, यूँ ही डूबते उतराते,
एक तेरा भरोसा ही, पतवार था हमको।

86. चाहतों की बज्म

चाहतों की बज्म में, हैं रुसवाईयाँ क्यूँकर,
ख्वाहिशों की भीड़ में, तनहाईयाँ क्यूँकर।

देखने दे आईने में, अब अक्स मेरा मुझको,
आती हैं दरम्यां धुंध की, परछाईयाँ क्यूँकर।

सूख गयीं जब खेत में, फसलों की बालियाँ,
ले रहा ये बादल अब, अंगड़ाईयाँ क्यूँकर।

ऊपर वाला एक है, बस इंसानियत पैगाम,
किसने खोदीं फिर कहो, ये खाईयाँ क्यूँकर।

दोस्त हो तो दोस्त रहो, या दुश्मन भी कबूल,
बन रहे हो इस तरह, तुम काईयाँ क्यूँकर।

87. सरेशाम

तेरे दर्द का फसाना, सरेशाम लिख रहे हैं,
मेरे अश्क कागजों पर, तेरा नाम लिख रहे हैं।

हों लाख गिले भले ही, लेकिन सच यही है,
तू बेवफा नहीं है, ये सरेआम लिख रहे हैं।

कई जख्म तेरी खातिर, अब तक हरे हैं मेरे,
तू है दिलफरेब ऐसा, इल्जाम लिख रहे हैं।

ये तल्खियाँ हैं इतनी, आ बैठ कभी ये सोचें,
तुझे भेजूँ मुहब्बतों का, मुकाम लिख रहे हैं।

सौगात अन्नदाता को, जो दे रहा मसीहा,
ये कौन लोग हैं जो, कोहराम लिख रहे हैं।

दे देके जान अपनी, हमें महफूज रख रहे हैं,
ऐ प्रहरी वतन के दिल से, सलाम लिख रहे हैं।

88. घर चलते हैं

बहुत भटके सहरा में, चल अब घर चलते हैं,
चल छोड़ दें दहशतगर्दी को, इससे घर जलते हैं।

ये कैसी जिहाद है और, ये जन्नत के ख्वाब क्या हैं,
दुनिया को दोजख बनाएं, किसके इशारे पर चलते हैं।

खुद को खुदा का बन्दा कह, बंदों को अजाब देते हैं,
छोड़ उनकी बन्दगी, आदमियत के सफर पर चलते हैं,

अभी खामोश है दरिया, हवा के रुख को पहचानों,
किनारे कुछ बच नहीं पाता, जब समंदर मचलते हैं।

89. वो बयार

मेरी रूह को ठंडक मिले, तुम वो बयार हो,
मेरी मुद्दतों का जानेजां, तुम इंतजार हो।

की थी हमने रात दिन, ये ही दुआ कि बस,
खुशबू उड़े वफाओं की, एक ऐसा दयार हो।

एक वाकया कि जिसे, कभी मैं भूल ना सका,
वक्त से कहो कि जिंदगी में, वो ना शुमार हो।

तुम भी थे मेरे मुन्तजिर, ये भी जानता हूँ मैं,
फिर किसलिए वो बेरुखी, जो कि नागवार हो।

90. हसरतों का फूल

टूटा जो एक शाख से, तो दूजी पे आ पड़ा,
मैं हसरतों का फूल था, सहरा में खिल पड़ा।

नादानियों से मेरी, मुझको तौलने वालो,
तुमने सताया इस तरह, कि पत्थर भी रो पड़ा।

सहते सहते मैं तो, पहुँचा हूँ उस जगह,
सदमों की भीड़ देखकर, मेरा गम भी हँस पड़ा।

आया था फिर भी लौटकर, शिकवे गिले हों दूर,
पेशानी पर देख बल, मैं वापिस मुड़ पड़ा।

मुझे झोपड़ी में सुकून के, लम्हे तो कुछ मिले,
महलों की दमघुटन से, मैं तौबा कर पड़ा।

वो एक दुआ का कितना, मैं शुक्रिया करूँ,
लेकर जिसको साथ मैं, तूफां में चल पड़ा।

91. धूप भी और छाँव भी

बेवफाई का उनको शौक नहीं, पर वफा निभाना नहीं आया,
जीने की जुर्रत कर न सके, मरने का बहाना नहीं आया।

लाख ठिकाने दुनिया में, दिल बहलाने के मिलते हैं,
गम डालते जिसके दामन में, वही ठिकाना नहीं आया।

बहुत थकन सी हो जाए, जब चलते तनहा राहों पर,
कैसे कह दें कि ख्वाबों में, कोई दोस्त पुराना नहीं आया।

एक सफर उम्र का होने को, यहाँ धूप भी है और छाँव भी,
एक मुद्दत जिसको गुजर गई, वो दौर भुलाना नहीं आया।

आने को तो आ भी गए, यहाँ दीवान मेरे कई हाथों में,
जो पढ़ते उनकी महफ़िल में, अभी वो अफसाना नहीं आया।

92. हम नहीं जानते

क्या खता थी हमारी, हम नहीं जानते,
क्यूँ बेरुखी है तुम्हारी, हम नहीं जानते।

यूँ तो बेजा किसी से, हमें मुरब्बत नहीं,
क्यूँ है आदत तुम्हारी, हम नहीं जानते।

हो न जाना जमाने में, रुसवा कहीं,
क्या बगावत तुम्हारी, हम नहीं जानते।

तुमने कह तो दिया, अपने रास्ते अलग,
किधर राह हमारी, हम नहीं जानते।

है भरोसा बहुत और, यकीन डगमगाए,
कैसी इबादत हमारी, हम नहीं जानते।

93. दिल जरा मुस्कुराना

कभी रूठी रही मुहब्बत, कभी रूठा रहा जमाना,
कभी अश्क हँसके बोले, ऐ दिल जरा मुस्कुराना।

कई दर्द हद से गुजरे, फिर सुकून बन गए वो,
झुकने को बहुत झुका मैं, नहीं सीखा टूट जाना।

रखता हूँ हौसले ये, चोट खा खा के भूल जाऊँ,
ऐ सितमगर लम्हों, जब चाहो तुम आजमाना।

फेहरिस्त है सदमों की, कब तक उन्हें गिनूँगा,
कई जख्म दुखते दुखते, सीखे हैं मुस्कुराना।

ऐ वादी ए गजल तू, यूँ ही रहना बस सलामत,
क्या वज्न क्या बह़ है, बस काफिये लगाना।

94. बेरुखी

जालिम ने मुझसे माँग ली, मेरी खुशी मुझसे ही आज,
फिर से छल कर गयी, मेरी जिंदगी मुझसे ही आज।

जिसके बगैर सोचकर भी, सहम सा जाता हूँ मैं,
उसने खुद से माँग ली है, बेरुखी मुझसे ही आज।

आजकल कुछ हो गया हूँ, कुछ पत्थर के मानिंद मैं,
हो गयी मजबूर सी, मेरी बेबसी मुझसे ही आज।

तुम्हें कसम है आँसुओ, छलके जो मेरी आँख से,
दुआ है ये कि बन सके, वो अजनबी मुझसे ही आज।

है दुआ दिल से यही कि, वो खुश रहे आबाद रहे,
उसने कहा है छोड़ दे, मेरी गली मुझसे ही आज।

95. बदल गया

बदला एक शख्स, तो क्या क्या बदल गया।
जमीं बदल गयी मेरी, आसमां बदल गया।

खुले आसमां के नीचे, वो मखमली सा कलरव,
चिड़ियों के चहकने का, लहजा बदल गया है।

आईने में अक्स था, जिसे जानते थे हम भी,
बदला है अब आईना, या चेहरा बदल गया है।

अनजान सी नजर वह, रखता है आजकल,
कूचे में मेरे रहके भी, वो कितना बदल गया।

कोई मारे एक गाल पर, दूजा कर दो सामने,
अब नहीं जहां में बापू, ये फलसफा बदल गया।

कंकड़ उछाला उसने, हमने पत्थर उठा लिया,
कहो पड़ौसियों से, अब हिंदोस्तां बदल गया।

96. नादान हिमाकत

सौ बार किए शिकवे, सौ बार शिकायत की,
अब खामोश जो हो बैठे, तो उसने बगावत की।

कोई इंसान को ठुकराए, कोई इंसान की चाहत को,
हमने तो पत्थर की भी, दिल से इबादत की।

यूँ तो दुनिया मुझको, कभी रास नहीं आई,
पर ऐ दुनिया तुझसे, कब मैंने शिकायत की।

तेरे सितम भी सह सह के, हम निसार रहे तुझपे,
कभी सोच जरा तू भी, कब तूने इनायत की।

तुझे समझ लिया अपना, सारा का सारा ही,
बस इतनी तो हमने, नादान हिमाकत की।

97. आसमानों से

आसमानों से भी कभी, बात होनी चाहिए,
जर्रा नवाजों से कभी, मुलाकात होनी चाहिए।

बढ़ नहीं सकते हम, हालत पे उनकी छोड़कर,
झुग्गियों की भी कुछ, औकात होनी चाहिए।

जिनके मोटे पेट हैं, कोई उनसे इतना तो कहो,
कुछ निबालों की कभी, खैरात होनी चाहिए।

ए खुदा इतना करम, करना मानव की जात पर,
परोपकार दया क्षमा, हृदयसौगात होनी चाहिए।

मजहबी दीवार क्यूँकर, खून से रंगती रहीं,
धुल जाए सारा लहू, वो बरसात होनी चाहिए।

दुष्यंत तो फिर यूँ ही, कोई, बन नहीं सकता यहाँ,
मगर उसी हौसले से कुछ तो, बात होनी चाहिए।

98. गरीबखाने पे

कुछ चराग जलाके रख दूँ अपने ताख खाने पे,
सुना है आ रहे हैं वो, हमारे गरीबखाने पे।

जमाना तो मुहब्बत को, सदा गुस्ताख कहता है,
कहने दो जमाने को, क्यूँ जाते हो जमाने पे।

अभी मौसम नहीं बदला, अभी भी रुत सुहानी है,
बरसो बनकर तुम बादल, हमारे आशियाने पे।

हमारे दिल की बस्ती में, कुछ आँधियाँ ठहरीं हैं,
न हो कि हम मिलें तुमको, न फिर इस ठिकाने पे।

उन्होंने कहला भेजा फिर, राह तूफान ने रोकी,
किया फिर से यकीं मैंने, सितमगर के बहाने पे।

99. आभास

आसमां भी तुम्हारा है, तुम्हें आभास होना चाहिए,
अपने परों पर बुलबुलों को, विस्वास होना चाहिए।

ऐ महल इतरा भले ही, तू अपनी किस्मत पर सदा,
झोपड़ियों की पीर का भी, अहसास होना चाहिए।

किसने कहा बदलती नहीं, कभी हाथों की रेखाएं,
जज्बा जुनून और हौसला, तेरे पास होना चाहिए।

दिल धड़कने जब लगे, तेरा किसी के नाम पर,
हो चुका है तू किसी का, अहसास होना चाहिए।

दोस्त चाहे कितने बनें, इस रंग बिरंगी दुनिया में,
पर भीड़ में सबसे अलग, कोई खास होना चाहिए।

जिंदगी की दौड़ धूप के, रास्ते बहुत उलझे हुए,
छोड़के कभी उलझनों को, परिहास होना चाहिए।

100. अहद ए वफा

अहद ए वफा हो, वफा का चलन हो,
कि दुश्मन को भी, दुआ का चलन हो।

मुहब्बत की वादी में, बहारों के मौसम,
फिजा हो महकती, न खिजा का चलन हो।

चरागों को आशीष, जो देते हुए गुजरे,
आँधियों में भी यूँ, हवा का चलन हो।

कभी भूले से कोई, हो जाए खता तो,
अपने ही हाथों, सजा का चलन हो।

हर ओर दिखाई दें, इंसानियत के मंजर,
न पत्थर की पूजा न, अजां का चलन हो।

क्या है जरूरी, बँटते रहें भेद लेकर,
एक वतन एक, निशां का चलन हो।

तिरंगे की शान हैं, रंग तीनों से मिलकर,

क्यूँ अलग होके, हरे या भगवा का चलन हो।

101. दर्द का दरिया

तेरे दर्द का दरिया हूँ, अश्कों का खजाना हूँ,
मुझे फिर से सजा लब पर, उल्फत का तराना हूँ।

तुझे तलब हुई कैसी, ये चकाचौंध दुनिया की,
जरा सुन फिर से धड़कन, तेरा गुजरा जमाना हूँ।

तुझे रास भले आएं, नए दौर की महफ़िल ही,
मैं अब भी हूँ वही कूचा, वही दौर पुराना हूँ।

यूँ खेल नहीं मुझसे, तेरे घर की नींव हूँ मैं,
 हिल जाऊँ जो थोड़ा सा, खण्डहर का बहाना हूँ।

तू मेरी वफाओं को, तौल ना सिक्कों से,
व्यापार नहीं हूँ मैं, चाहत का फसाना हूँ।

मैं सत्य सनातन हूँ, है दुनिया मुरीद मेरी,
मगर हालत तो देख मेरी, मैं घर में बेगाना हूँ।

तेरे दर्द का दरिया हूँ, अश्कों का खजाना हूँ,
मुझे फिर से सजा लब पर, उल्फत का तराना हूँ।

102. हकीकत ए जिंदगी

तू है मेरी हकीकत ए जिंदगी, कोई ख्वाब लेकर क्या करूँ,

ला नवाज दे मुझे कलम कोई, ये गुलाब लेकर क्या करूँ।

कई खत पड़े ही रह गए, तेरे दिल की किसी दराज में,

तूने देखा उन्हें न खोलकर, अब जवाब लेकर क्या करूँ।

कट ही गयी यूँ तो जिंदगी, रहे साथ भी कुछ फासले,

अब शाम ढले तुझे छोड़ दूँ, ये अजाब लेकर क्या करूँ।

मैं जो भी हूँ सरेआम हूँ, मेरी बनी रहे यही सादगी,

तू रख चेहरे पर बनावटें, मैं नकाब लेकर क्या करूँ।

दरिया तेरा तूफान भी, कश्तियों का अपना नसीब था,

मैं साहिल पे बिखरी रेत हूँ, ये बहाब लेकर क्या करूँ।

103. किस्मत की रेखाएँ

कुछ तू भी रास्ता भटक गया, हम भी राहें बदल गए,
यूँ उलझीं किस्मत की रेखाएँ, वक्त के लम्हे फिसल गए।

उम्मीदों की शाख को, मैंने सींचा जिगर के लहू से था,
ये किस रंजिश का ताप था, कुछ धूप से पत्ते जल गए।

नर्म मखमली ख्वाबों को, जा टाँगा चाँद की टहनी पर,
थे गुल के संग कुछ खार भी, तितली के पर छिल गए।

ये किस अना का पहाड़ था, दरम्यां जो अपने खड़ा रहा,
वरना रिश्तों की तपिश से तो, आसमां तक पिघल गए।

कितने पैमाने चुक गए, मगर मयकदा प्यासा रहा,
कुछ थे ऐसे भी मुन्तजिर, दो घूँट से ही बहल गए।

मेरी शोहरतों से खफा हुआ, जाने अब वो किधर चला,
कैद थे जो आँखों की झील में, फिर वो आँसू मचल गए।

104. सितारों के पार

आशिष है तुम्हारा, जो सितारों के पार से,
निकल जाता हूँ मैं, हर तूफान ओ गुबार से।

तुम्हारी दिखाई राहों पे, मेरे बढ़ते रहें कदम,
करता हूँ दुआ मैं भी, यही परवरदिगार से।

कुछ और सँवरता मैं, कुछ और निखर जाता,
इतनी भी क्या जल्दी थी, कूच की संसार से।

जब बहुत थका हो मन, मैं थक कर सो जाऊँ,
चले आते हो ख्वाबों में, तुम दुनिया के पार से।

मेरी पूँजी मूल्य वही, मेरी हृदय तिजौरी में,
जो रख छोड़े तुमने, अनमोल उपहार से।

ये उम्र थी नादां सी, तब भेद नहीं जाने,
परतें अब तक खुलतीं हैं, मन के द्वार से।

105. सहरा में फूल

बिखरते गुलों को, गुलदान में सजा लेते हैं,
हम वो हैं जो सहरा में भी, फूल खिला देते हैं।

कैसे भौंक देते हैं खंजर, लोग पीठ में अपनों की,
हम तो दुश्मन को भी, जीने की दुआ देते हैं।

हम तो करते हैं दुआ, हर दामन को खुशियों की,
कुछ लोग तो पलकों से भी, ख्वाब चुरा लेते हैं।

वो कौन है जिसकी दुआ, रही हरपल साथ मेरे,
किसके ख्याल मौसम को, खुशनुमा बना देते हैं।

गमों के खानदान से कहो, कि रहे औकात में,
हम वो हैं जो अश्कों की रोशनाई बना लेते हैं।

106. खुदरंग

खुदरंग था मैं भी, तेरा रंग चढ़ता कैसे,
गैर की महफ़िल में, तेरे शेर पढ़ता कैसे।

मेरा वजूद था, सख्त पत्थर के जैसा,
तेरी मर्जी पे दुबारा, उसे गढ़ता कैसे।

पाँवों में बेड़ियाँ थीं, नामुराद माजी की,
तेरी प्रीत के पर्वत पे, फिर चढ़ता कैसे।

लाख तल्खियाँ हैं, यूँ तो तेरे मेरे दरम्यान,
फिर भी अपनी खताएँ, तेरे सर मढ़ता कैसे।

107. बचपन

याद हमें फिर से आया, वो दौर पुराना बचपन का,
खेल कूद और चूरन चटनी, मौज उड़ाना बचपन का।

एक चवन्नी में होते थे, अपने भी शाहों जैसे ठाठ,
रंग बिरंगे गुब्बारों संग, जश्न मनाना बचपन का।

आज बाँसुरी वाले ने छेड़ी है, एक मीठी मीठी तान,
आया है फिर याद मुझे, एक दोस्त पुराना बचपन का।

किसने सम्हाला याद रखा, किसने राहों में लुटा दिया,
अपने अपने हिस्से वाला, अनमोल खजाना बचपन का,

बड़े नसीबों वाला है वो, जिसके साथ आज तक वो लम्हे,
गीत गजल नगमों के संग, साज सजाना बचपन का।

ऐ काश कभी फिर ऐसा हो, कि एक बार सामने आ जाए,
चुप से हाथों से फिसल गया जो, वक्त सुहाना बचपन का।

याद हमें फिर से आया, वो दौर पुराना बचपन का,
खेल कूद और चूरन चटनी, मौज उड़ाना बचपन का।

108. नश्तर

वो रह रहके मुझे, आजमाता रहा,
नश्तर से दिल में, चुभाता रहा।

सिमट बैठे जब, अपने आप में हम,
वो फिर फिर से, पास आता रहा।

मैं जब जब चाहता हूँ, आँसू बहाना,
वो अश्कों में मेरे, मुस्कुराता रहा।

उसने सुना नहीं, कभी एक शेर मेरा,
गजलें किस किस की, गुनगुनाता रहा।

यूँ तो दुश्मन था, मेरी नींद का वो,
फिर भी ख्वाबों में, मेरे आता रहा।

बात निकली है तो, दूर तक जाएगी,
वो आवाज मेरी, कितना दबाता रहा।

आज करना है उससे, उम्र भर का हिसाब,
वो कर कर सितम, यूँ ही भुलाता रहा।

109. संगमरमर में तराशी

संगमरमर में तराशी, एक हसीन मूरत आप हैं,
प्यार   के मौसम की जाना, एक जरूरत आप हैं।

आपने जिंदा किया, मुझमें हर अहसास को,
फरहाद माही कैफ   की ही, जैसे सूरत आप हैं।

आप हैं ताबीर जैसे, मेरे सुहाने ख्वाब की,
मुहब्बतों के स्वप्न की, कोई हकीकत आप हैं।

जलती रहे मेरी बज्म में, शमा तुम्हारे प्यार की,
मेरे दिल की सल्तनत की, बस हुकूमत आप हैं।

आप में बसती है अपनी, जान ही ये जानेजां,
आप हैं जान ए जिगर, जान ए मुहब्बत आप हैं।

आप से आबाद   है, खुशहाल है मेरा जहां,
आप मेरे दिल की धड़कन, और चाहतआप हैं।

आप पर और क्या लिखूँ, आप तो बस आप हैं,

लूटकर चैन ओ करार, अब एक इनायत आप हैं।

110. वीर जवान

कफ़न बाँधकर सर पे अपने, निकले अपने वीर जवान,
धूल चटा दी प्यादों को और, खोल दिए जिनपिंग के कान।

बासठ वाला देश न समझो, बब्बर शेर की दहाड़ सुनो,
दिया खदेड़ उल्टा ड्रेगन को, चूर किया उसका अभिमान।

देख रहा हैरानी से अब, कि कैसे बात बने फिर मेरी,
जनता के आक्रोश है दिल में, हटा रही चीनी समान।

लाबोलशकर बढ़ा दिया है, सीमा पर वीर भरें हुंकार,
आगे बढ़े तो खैर नहीं है, लौट जाओ प्यारी जो जान।

विश्व समूचा देख रहा है, तेवर अपने चौकीदार के,
एक छुटभैया बातों में आ, गंवा रहा अपना सम्मान।

अभी समय है सुधर जा तू भी, सीख आखिरी तुझको है,
तेरा आका मान चुका है, मान जा तू भी ऐ पाकिस्तान।

जान निछावर करने वालों, तुमको कोटि कोटि प्रणाम,
वीर शहीदों अमर हुए तुम, तुम्हें याद रखेगा हिंदुस्तान।

कफ़न बाँधकर सर से अपने, निकले अपने वीर जवान।
धूल चटा दी प्यादों को और, खींचे हैं जिनपिंग के कान।।

111. बहाने ढूँढता

ताल्लुक तोड़ने के भी, वो बहाने ढूँढता है,
मेरी आँखों के समंदर में, खजाने ढूँढता है।

समझे भले ही जिस्म वो, मैं तो एक रूह हूँ,
कोई उससे ये पूछे, क्यूँ निशाने ढूँढता है।

हर बार तो बहारें भी, खुशनुमा नहीं होतीं,
कभी कभी तो मन भी, वीराने ढूँढता है।

थक गया हूँ मैं भी, तुझे तलाश करते करते,
वो भी अब जिंदगी तेरे, ठिकाने ढूँढता है।

थक जाता हूँ मैं जब, दुनिया के फरेबों से,
तो मन वही सादादिल, दोस्त पुराने ढूँढता है।

112. भीगी पलकों पर

आँख में भरकर, हम तो पानी लाए थे,
तेरे जलते घर को, हम तो बचाने आए थे।

इल्जाम लगाया तूने, भीगी पलकों पर,
तेरे जख्मों पर हम, नमक लगाने आए थे।

सोच लिया तूने तो बस, अपने बारे में,
हम भी तो कुछ, ख्वाब सजाकर आए थे।

पड़ीं दरारें दिल के, शीशे पर कितनी,
रह रह के कंकड़, कितने टकराए थे।

याद नहीं अब तो दुनिया, दुनिया वाले भी,
अपने होकर भी, कितने लोग पराए थे।

खिंच गई दररम्यां, एक लकीर कुछ ऐसे,
जैसे हम बेगानी, महफिल में घुस आए थे।

हम भी थे कुछ, चाहने वाले भी ऐसे,
जान गंवा दी, जिस्म बचाकर लाए थे।

बैठे थे हम, दिल की दहलीजों में बंधकर,
तुम किस किस सहरा, खाक उड़ाकर आए थे।

हुईं बरसातें रिमझिम रिमझिम, अश्कों की,
वरना हम तो, शोलों से भी चलकर आए थे।

113. सहर

शब ए गम को सहर, करके देखते हैं,
चल रूह के दरिया में, उतरके देखते हैं।

जिस्म की चादर, है चकाचौंध रंग की,
सो इसके बिना, बशर करके देखते हैं।

मुद्दत गुजर गयी, दीवारोदर को सजाते,
अब इस घरौंदे को, घर करके देखते हैं।

हरएक सजावट का, रंग उतरता है लाजिम,
चल आ अब सादगी पे, मरके देखते हैं।

114. हँस हँस के सहे

हँस हँस के सहे तेरे सितम, ये प्यार नहीं तो फिर क्या था,
खामोश सहे तेरे हिज़ के गम, ये प्यार नहीं तो फिर क्या था।

मैंने भुला दिया उन सदमों को, जो बज्म में तेरी मिले मुझे,
कभी रखे न तुझसे गिले सनम, ये प्यार नहीं तो फिर क्या था।

गजलों में बिखरा दर्द मेरा, कभी फुर्सत हो तो पढ़ लेना,
सो न सके एक मुद्दत हम, ये प्यार नहीं तो फिर क्या था।

मैंने समझ वफा का तोहफा ही, ये अश्क सम्हाले मोती से,
और हुई कभी ना चाहत कम, ये प्यार नहीं तो फिर क्या था।

115. जिंदगी से प्यारी

जिंदगी से प्यारी हमको, मुस्कुराहट आपकी,
सह नहीं पाते हैं दो पल, छटपटाहट आपकी।

काँच की दीवार हर एक, हसरतों के महल की,
कर ना डाले चूर इनको, बौखलाहट आपकी।

क्या हुआ और क्यूँ हुआ, अब सोचना क्यूँकर भला,
ख्वाबों की खामोशियों में भी, सुगबुगाहट आपकी।

आपका बुझता हुआ दिल, कयामत से भारी है हमें,
धड़कनें सुनने को आतुर, महफिल में आहट आपकी।

116. नई जिंदगी

तेरे गम ने भी   मुझे, नई जिंदगी दी है,
हाँ ख्वाहिशों ने फकत, खुदकुशी की है।

इश्क कहते हैं किसे, ये जानता भी नहीं,
कह रहा था कि, उसने आशिकी की है।

तेरे हिस्से आए जो, ये आँसू और आहें,
कुछ तो खता ऐ दिल, तूने लाजिमी की है।

मैं सुनता रहा यूँ ही, जमाने वालों की,
अपने ही दिल की, क्यूँ अनसुनी की है।

117. खाकनशीं

ये खाकनशीं लोग, फिर ताज बना देंगे,
मर्ज़ी पर शाहों की, फिर हाथ कटा लेंगे।

एक ककहरा ही, पढ़ना इन्हें आता है,
बाजी खेलो तुम, हम जान लगा देंगे।

ये खेल सियासत के, जान नहीं पाते,
ये जान गए जिस दिन, तख्त हिला देंगे।

दो वक्त की रोटी पर, बस सब्र किए रहते,
ये क्या जाने जुल्मी, इसमें भी दगा देंगे।

तेरे पेट से बचता हो, तो कुछ बखश दे इनको भी,
ये भूखे प्यासे लोग, जी भरके दुआ देंगे।

ना मजलूम समझ इनको, तूफान है सीने में,
जो आए अपनी पर, हर चूल हिला देंगे।

118. रेत की दीवार

लग रहा है सागर किनारे, रेत की दीवार खड़ी है,
आतिशी के ढेर हैं, और हाथ में कोई फुलझड़ी है।

ले ले सबक इंसान कुछ तू, आज की तासीर से,
जिंदगी ने कुछ भी किया, मौत ही आखिर बड़ी है।

जिसको भी गुरुर था, अपने लश्कर ए लाब पर,
देख लो ऐ दुनिया वालों, वो ताब भी बेबस खड़ी है।

प्यास है उतना ही पानी, शौक से तुम पीया करो,
गन्दला किया तो सोच लो, ये एक उच्छृंखल नदी है।

देर है अंधेर नहीं यहाँ, सुनते रहे हैं हम भी बचपन से,
अंधेर हुई जब जब बस्ती में, तब तब ये बस्ती उजड़ी है।

देता रहा फिर फिर दुहाई, अपने ज्ञान विज्ञान की तू,
मान ले एक तुच्छ जीव मैं, प्रकृति ही सबसे बड़ी है।

119. अपने लिए भी

अपने लिए भी बैठकर, सोचा करें कभी,
बीती है कैसे जिंदगी, यह देखा करें कभी।

सुविधा और समान तो, कभी देते नहीं सुकून,
अपनों के दिल में झाँककर भी, देखा करें कभी।

वो जिंदगी क्या जिंदगी, जो दौड़ में ही गुजर गई,
किसी दरख़्त की शीतल छाँव में, बैठा करें कभी।

मैं और तू के भेद में ही, मुद्दत गुजर गई,
आ मिलकर तू मैं एक हों, ऐसा करें कभी।

120. एक तस्वीर

मुमकिन हो तो ऐसी, एक तस्वीर बना,
मुहब्बतों के नाम भी, एक जागीर बना।

नफ़रतें फैलती जाएं, जमाने में दिनोंदिन,
जो इनको मिटा दे, दिलों में तासीर बना।

यहाँ सभी हों अपने, हो गैर नहीं कोई,
ए मौला यकीन की, एक जंजीर बना।

दिलों में वफ़ा हो, वफाओं में पाकीजगी,
हर किसी को, अपने राँझे की हीर बना।

अपनी आन बान पे, मिटना और मिटाना आए,
हर नौजवां को एक, ऐसी भी शमशीर बना।

121. एक दोस्त

एक दोस्त बड़ा अजीज है, और बदगुमान भी,
दुश्मन मेरी जान का, मगर शायद है जान भी।

करता है फिर फिर नेकियाँ, शिद्दतों से वो,
रखता है कभी कभी, कड़वी जबान भी।

कहता है मुझको छोड़ दे, यह बार बार वो,
गिरफ्तार कर रखा मेरा, दिल ए नादान भी।

रूठा है अबकी बार कुछ, इस अदा से वो,
खामोश कर गया मुझे, और परेशान भी।

122. सफर समंदर में

जब सफर समंदर में, तूफान से डरना क्या,
एक रोज ही मरना है, हर रोज का मरना क्या।

जब कदम कदम पे हों, दुश्वारियाँ राहों में,
फिर पाँव के छालों की, परवाह ही करना क्या।

वो जख्म महकने दो, जो तुमको रखें जिंदा,
वो दिल की पूँजी हैं, उन जख्मों का भरना क्या।

कुछ असबाब भी नेकी के, साथ रहें तेरे,
ये छीन झपट दौलत से, थैली भरना क्या।

जो गुजर गया गुजरे, क्यूँ थमकर रह जाए,
वो मुद्दत की बातों का, हर रोज गुजरना क्या।

मानव जन्म मिला तुझको, सत्कर्म किए होंगे,
मनदर्पण रख उजला, यहाँ धुन्ध उतरना क्या।

123. मुश्किल में

मुश्किल में है अपनी, धरा साथियों,
आँचल आँसुओं से, भरा साथियों।

पहली बार ऐसी, ये एक जंग छिड़ी,
इसमें जीतेगा वही, जो डरा साथियों।

गर की है खता, उसने सोच समझ,
तो पाप का अब घड़ा, भरा साथियों।

उठा हाथ जी भर, कर लो दुआ,
रंग भगवा या फिर, हो हरा साथियों।

बड़ा बेरहम है ये, दुश्मन तेरा,
दुश्मनी से लबालब, भरा साथियों।

124. कोरोना

शहर शहर में घूम रहा है, कोरोना मुँह   खोल,
चुपचाप बैठ जा घर के अंदर, जीवन है अनमोल।

एक बात अच्छी दुश्मन की, बिन न्यौते नहीं आएगा,
देख द्वार बंद वह तेरे, उल्टे ही पाँव लौट भी जाएगा।
रूखा सूखा खा पिंजड़े में, मत अंदर बाहर डोल।
शहर शहर में घूम रहा है, कोरोना मुँह खोल।।

बने निडर जो घूम रहे हैं, कोई उन्हें ये समझाए,
प्राण हथेली पर रख लेना, जब सीमा पर संकट आए।
मूर्ख तू अपनी मूर्खता को, यूँ जीवटता से ना तोल।
शहर शहर में घूम रहा है, कोरोना मुँह खोल।।

हाथ जोड़कर खड़ा मसीहा, यही करे बारम्बार गुहार,
अपने वतन की खातिर कर ले, कुछ दिन बन्द आपने द्वार।
भजन कीर्तन कर घर के अंदर, जयजयमातादी बोल।
शहर शहर में घूम रहा है, कोरोना मुँह खोल।।

चुपचाप बैठ जा घर के अंदर, जीवन है अनमोल।।

125. हमनवाई

हमसफर है तो थोड़ी सी, हमनवाई भी रख,
अजनबी बनके रह, थोड़ी आशनाई भी रख।

बिगड़ा हुआ है आजकल, मिजाज मौसम का,
बदली हूँ तेरे दश्त की, कुछ रहनुमाई भी रख।

नये जमाने की दास्तानें, लिखता रह शौक से,
अपनी कलम में पुरानी, कुछ रोशनाई भी रख।

बेवफाई का चलन बढ़ गया है, यूँ तो जमाने में,
मगर दहलीज से अपनी, कुछ बावफ़ाई भी रख।

पिज्जा बर्गर की तुझे, क्यूँ लत लगी बचपन,
अपनी थाली में थोड़ी, मक्खन मलाई भी रख।

महल दुमहलों में मखमली, अहसास बिछते हों,
झोपड़ी में ठिठुरती ठंड को, एक तो रजाई रख।

हमसफर है तो थोड़ी सी, हमनवाई भी रख,

अजनबी बनके रह, थोड़ी आशनाई भी रख।

126. दुश्मन मानव जाति का

दरवाजे को अपने भूलकर, आराम की हैं गुजारिशें,
कुछ भी न काम कीजिए, इस काम की हैं शिफारिशें।

कर कर काम मशीनों की तरह, बहुत थक गए हैं आप,
एकांतवास और विश्राम की आपसे, हैं फिर फिर गुजारिशें।

दुश्मन है मानव जाति का यह, है बेरहम भी बहुत,
जान बची तो कर लोगे, फिर कितनी भी आराइशें।

बड़ों से अधिक बच्चे हुए, समझदार आजकल,
जो दे दो खा रहे हैं, कुछ भी नहीं करते फरमाइशें।

हौसला बनाए रखिए, आप जीतेंगे लाजिमी,
धैर्य की आपके कर रहा, वक्त भी आजमाइशें।

रास्ते अकेले छोड़ दो, है इस युद्ध की रणनीति,
दुश्मन से हो न सामना, न मिलने की गुंजाइशें।

ये नये मिजाज का रोग है, जरा रहें सूझ बूझ से,
हाथ जोड़ जोड़ कर रहा, मसीहा मिन्नत ओ गुजारिशें।

जिंदगी है आपकी, मगर अमानत है देश की,
कुछ तो तुम भी सोचिए, नहीं हैं कोई सताइशें।

127. दहशतों की फिजा

दहशतों की फिजा भी, बदल जाएगी,
रात दुख की काली भी, ढल जाएगी।

ये करके यकीन, हौसला भी रखो,
कोई सुनहरी किरन भी, निकल आएगी।

एक होकर सभी, फासले से रहो,
ये भयंकर घड़ी भी, टल जाएगी।

जिंदगी का कारवाँ, है सहमा हुआ,
कोई करिश्माई राह, निकल आएगी।

इसकी लपटें उठीं, आसमानों तलक,
क्या नफरत भी, इनमें जल जाएगी।

ऐ मसीहा तेरी ओर, हैं निगाहें बहुत,
हैं दुआ भी कि हालत, सम्हल जाएगी।

शेरों वाली के शेर ने, दस्तक है दी,
है भरोसा कि सूरत, बदल जाएगी।

हे माता तू जग को, आँचल में छुपा,
मौत आयी भी तो, रास्ता बदल जाएगी।

128. प्रभु थाम दीजिए

कोरोना के कहर को, प्रभु थाम दीजिए,
हे महाकाल इस काल को, विश्राम दीजिए।

इंसान की हैवानियत से, माना कि उपजा ये,
दुनिया पुकार रही प्रभु, परित्राण कीजिए।

दुस्साहस से मानव के, चहुओर विपत्ति है,
हे भोले शंकर विश्व को, शरण लीजिए।

हे प्रकृति देवी आपके, अपराधी हैं हम,
क्षमा करें महाशक्ति, न कुहराम कीजिए।

हे ब्रह्मदेव आपकी, सृष्टि है खतरे में,
कल्याण हो इस सृष्टि को,, वरदान दीजिए।

चक्रपाणि छोड़कर, अब क्षीरसागर को,
त्राहिमाम करती धरा का, कुछ ध्यान कीजिए।

उर की मेरे आवाज, अपने गुनाहों को कबूल कर,
हे मानव उस परमशक्ति का, आवाहन कीजिए।

हे परमशक्ति हम नादान हैं, मगर हैं सन्तान आपकी,
क्षमा क्षमा हे प्रभो क्षमा, हमको जीवनदान दीजिए।।

129.न्याय मिला

न्याय मिला एक फूल को, तो हर शाख को चैनोकरार मिला,

बहुत दिनों के बाद यकीनन, एक न्याय भरा अखबार मिला।

पत्थर से भी भारी हों जो, धरती माँ की छाती पर,

सात वर्ष तक जीने का, उनको अवसर बेकार मिला।

देर हुई अंधेर नहीं, यह जीत है हर एक माता की,

लाचार बाप के रिसते जख्मों को, मरहम और उपचार मिला।

नैतिकता की लाँघ हदें जो जुबानें, करें पैरवी गुनहगारों की,

थूक दिया उनके मुँह पर, उन्हें ' बेशर्मी ' का उपहार मिला।

एक चाह कि अधिकार छिने, उसका न्याय के मंदिर जाने का,

जिसको इतनी बेशर्मी से, चीरहरण अधिकार मिला।

लिए बैठे जो कालिख चेहरे पर, काँप रहे होंगे अब वो भी,

इंसाफ मिले हर एक बेटी को, जिसको पीड़ा का संसार मिला।

एक हौसला साथ रखें हम, प्रतिकार करें खुलकर जुल्मों का,

कोई किरण तो चमकी है शायद, एक ऐसा चौकीदार मिला।

130. बढ़ने की तैयारी

कदम कदम पर बाधा आएं, कदम कदम हों दुश्वारी,
जोशेजुनूं को दिल में रखकर, बढ़ने की कर तैयारी।

आसमान को उड़े परिंदे, ख़ौफ़ नहीं तूफानों का,
बाहों में आकाश को भरके, नाप रहे दुनिया सारी।

नन्हीं कलियों सोच समझके, हर एक कदम बढ़ाना है,
प्यार के नाम पे ठग ना ले कोई, यहाँ दिलों में अय्यारी।

मिलजुल कर सब चमन सजाएँ, क्यूँ आपस में बैर रखें,
किसकी साजिश से पनप रही, आखिर नफरत की क्यारी।

131. नये मिजाज का रोग

कुछ ना करो इतना करो, कि घर के अंदर रहा करो,
ये नये मिजाज का रोग है, जरा फासले से मिला करो।

कोई तुम्हें बचा न पायेगा, जो हुआ सामना मौत से,
घर बैठकर भजो राम को, हर जिंदगी की दुआ करो।

हैं बेसबब सब आजकल, कल उद्योग और पूंजियाँ,
है जान हर एक कीमती, बस इसे सलामत बचा रखो।

है जान तो है जहान भी, नहीं जान तो फिर करोगे क्या,
दिन रात मशीनी दौड़ से, कुछ दिन को तौबा करो।

माना कि मजबूर हो, कुछ अपनों से भी दूर हो,
ये हैं दूरियाँ भी नेमतें, उनकी जां की दुआ करो।

गुजरेगा ये कठिन दौर भी, भले फासले पर साथ हैं,
जीतेंगे हम ये जंग भी, बस हिम्मत ओ हौसला रखो,

हे शिवशम्भू आप अब,नयन तीसरा खोलिए,
भस्म करो कोरोना दैत्य को,कुछ तो मौजिजा करो।

लिखी तुम्हारी जमीन पर, मैंने बद्र साहब ये गजल,
हो मेरी दुआ कबूल ये, कि तुम भी यही दुआ करो।

132. देखा जो मुड़के

ऐसा नहीं कि अब भी, वो दिल से उतर गए,
देखा जो मुड़के प्यार से, हम खुशी से मर गए।

तस्वीर तेरी अब भी, वही बड़ी दिलफरेब है,
बस जिंदगी की धूप में, कुछ रंग उतर गए।

ऐसा क्या हुआ कि, महफिल ही उठ गई,
क्या जाने लोग क्या क्या, लेकरके घर गए।

सुनते हैं तुझको नींद में, चलने का रोग है,
हम भी थे तेरे मुन्तजिर, तेरे रस्ते किधर गए।

आसां नहीं थे हम भी, मिल जाते यूँ ही तुझे,
हम ही जहान छोड़कर, तुझमें ठहर गए।
: ऐसा नहीं कि अब भी, वो दिल से उतर गए,
देखा जो मुड़के प्यार से, हम खुशी से मर गए।

तस्वीर तेरी अब भी, वही बड़ी दिलफरेब है,

बस जिंदगी की धूप में, कुछ रंग उतर गए।

ऐसा क्या हुआ कि, महफिल ही उठ गई,
क्या जाने लोग क्या क्या, लेकरके घर गए।

सुनते हैं तुझको नींद में, चलने का रोग है,
हम भी थे तेरे मुन्तजिर, तेरे रस्ते किधर गए।

आसां नहीं थे हम भी, मिल जाते यूँ ही तुझे,
हम ही जहान छोड़कर, तुझमें ठहर गए।

133. फूलों की चुभन

फूलों की चुभन काँटों की जमीं, कोई हमसे बेहतर क्या जाने,
ये थी वक्त की साजिश तेरी नहीं, कोई हमसे बेहतर क्या जाने।

हम तुझसे मिले तो खुद से मिले, वरना तो हमारा क्या होता,
तेरी बज्म से प्यारा कुछ भी नहीं, कोई हमसे बेहतर क्या जाने।

ये धूप छाँव बरसात सनम, सब रंग से तेरे रंगीन से हैं,
सतरंग है जीवन तुझसे ही, कोई हमसे बेहतर क्या जाने।

तुम पास रहो या दूर रहो, शादाब है दिल बस तुमसे ही,
मुझे वस्ल हिज़्र में फर्क नहीं, कोई हमसे बेहतर क्या जाने।

तेरे जुल्मोसितम सर आँखों पर, तेरा प्यार सलामत बना रहे,
मेरे जख्म हुए सब और हसीं, कोई हमसे बेहतर क्या जाने।

134. दर्द में भी राहतें

कभी दर्द में भी राहतें, कभी प्यार में सितम,
रास आ गए जान ए अदा, मुझको तेरे गम।

चेहरे पर मेरे तेरी, इनायत का गुलाल है,
सताइशों से भी तेरी, मेरी जान हलाल है।
कैसे कहूँ क्या ज्यादा, और कौन सा है कम।।
कभी दर्द में भी ....

वो दिन भी क्या दिन, जब तुम भी निसार थे,
पहलू में तुम्हारे आने को, हम भी बेकरार थे।
अब सोचते हैं दोनों ही, तुम बदले कि हम।।
कभी दर्द में भी राहतें ....

दिल से लेकर रूह तक, हम सिर्फ प्यार हैं,
मगर यह भी ना समझना, तेरे बड़े तलबगार हैं।
तोड़ दिया है तूने ही, मेरे प्यार का भरम।।
कभी दर्द में भी राहतें ......

कभी दर्द में भी राहतें, कभी प्यार में सितम।
रास आ गए जान ए अदा, मुझको तेरे गम।।

135. जरूरी तो नहीं

जिंदगी आसान सफर हो, ये जरूरी तो नहीं,
हर दुआ में भी असर हो, ये जरूरी तो नहीं।

यूँ तो रख दिया कलेजा, उनके आगे निकालकर,
मगर उन्हें हर दर्द की खबर हो, ये जरूरी तो नहीं।

कोई बैठा दे हमको, महल और दुमहलों में,
उसके दिल में भी घर हो, ये जरूरी तो नहीं।

हैं करोड़ नयन तेरे, चल हम मान लेते हैं,
तेरी हर नेकी पे नजर हो, ये जरूरी तो नहीं।

वो दावा भले करते हों, कि खुदा और खुदाई क्या,
क्या है इंसान खबर हो, ये जरूरी तो नहीं।

वो देगा सजा हर एक गुनाह की, ये जानते हैं,
मगर हर गुनाह से डर हो, ये जरूरी तो नहीं।

136. मौसम बदलते रहे

जिंदगी के मौसम, बदलते रहे,
हम फिजाओं के माफिक, ढलते रहे।

जख्म तो मिले हमें, हर एक दौर में,
फकत उनके मरहम, बदलते रहे।

नजर थी हमारी, मंजिलों की तरफ,
क्या हुआ कि काँटों पे, चलते रहे।

मोम सा दिल लिए, वो कहाँ फिर रहे,
पत्थर होके भी हम तो, पिघलते रहे।

जज्ब कर लिए, हमने दिल में समंदर,
उनके शिकवे लबों पे, मचलते रहे।

छलकने दिए ना, पलकों ने आँसू,
सीपियों में ही मोती, उबलते रहे।

उलझनों का अँधेरा भी, बढ़ता रहा,

उम्मीदों के दीये भी, जलते रहे।

137. घर से नहीं निकलते

वो छत पे नहीं आते, हम घर से नहीं निकलते,

किसने कहा है आखिर, कि रिश्ते नहीं बदलते।

वो छत पे नहीं आते ....

बदले हुए हैं मौसम, बदली हुई फिजाएँ,

डरते हैं बारिशों से, घनघोर हैं घटाएँ।

हम बिजलियों के डर से, बाहर नहीं निकलते।।

वो छत पे नहीं आते ....

वो बदले या कि हम, ये भी उनका फैसला,

कायम मगर है दोनों, ही सिम्त सिलसिला।

दरिया के बाजुओं में, क्या तूफां नहीं मचलते।।

वो छत पे नहीं आते ....

जब दास्तां सुनाई, हमने सितमगरों की,

देखीं हैं आँखें भीगी, हमने पत्थरों की।

सुनते थे हम तो ये भी, कि पत्थर नहीं पिघलते।।

वो छत पे नहीं आते ....

वो छत पे नहीं आते, हम घर से नहीं निकलते।

किसने कहा है आखिर, कि रिश्ते नहीं बदलते।।

138. तूफां उतर गए

अब तो आँसुओं के, सब तूफां उतर गए,
कुछ मोती दामन में, हम लेकर गुजर गए।

तेरी इनायतों का हम पर, खुद हिसाब था,
तूने यूँ गिनाया कि हम, अहसां से मर गए।

हमने खिलाए फूल, तेरे हसरत ए चमन में,
मेरी ही ख्वाहिशों के, कितने गुल बिखर गए।

रंग भरे थे मिलके, कभी तस्वीरे मुहब्बत में,
हर रंग मेरा निखरा, तेरे सब रंग उतर गए।

छोड़ी गली जो हमने, तो फिर छोड़ ही चले,
रह रह के आप ही, फिर फिर से उधर गए।

ली थी कसम जो हमने, शिद्दत से निभाई है,
तुम ही जनाब हर एक, वादे से मुकर गए।

यूँ ना बार बार अब, ये जख्म कुरेदें आप,

मुद्दत हुई जख्म सब, अब मेरे भी भर गए।

139. एहतराम

कभी राहों में उनकी भी, एहतराम हो जाए,
निगाहें भले ना मिल पाएँ, मगर सलाम हो जाए।

कभी इत्तिफाकन ही, किसी सफर को जाएँ हम,
हम उनके शहर से गुजरें, और शाम हो जाए।

बचा है खंडहर ही एक, ख्वाबों की हवेली का,
कहीं ऐसा ना हो यह भी, अब नीलाम हो जाए।

हम एहतियातन भी उनका, नाम नहीं लेते,
वफा के कूचे में दिल ये, ना बदनाम हो जाए।

कभी गुजरो इधर से तुम, हमें आवाज दे लेना,
तुम्हारी एक झलक ही बस, हमारे नाम हो जाए।

हमने कोशिश नहीं की, कभी भी तुमसे मिलने की,
कहीं ऐसा ना हो चर्चा, यह आम हो जाए।

मुहब्बत एकतरफा हो, यह भी तो मुमकिन है,
हम यूँ भी नहीं मिले, कहीं किस्सा तमाम हो जाए।

दिल के कुछ भरम यूँ भी, बड़े हसीन होते हैं,
चलो झूठे भरम पर ही, कभी एक जाम हो जाए।।

140. पहचाना नहीं

इस बात का भी उसकी, हमने तो बुरा माना नहीं,
जो शख्स बहुत अजीज था, उसने भी पहचाना नहीं।

पूछा जो हमने हाल तो, बतला ही दिया होता,
हाँ कहने को मैं गैर था, पर इतना भी बेगाना नहीं।

वो दिन कुछ और थे, गैरों की भी खुशी में लुत्फ था,
अब तो अपनों की भी शादी में, अब्दुल्ला दीवाना नहीं।

कौन कहता है भला कि, ढाई आखर प्रेम है,
इससे बड़ा तो अहद में, कोई भी अफसाना नहीं।

हम जमीं के लोग थे, मगर ख्वाबों में था आसमान,
लेकिन जमीं के ख्वाब को भी, हमको दफनाना नहीं।

अब भला जाए कहाँ, गम गलत करने को कोई,
सुनते हैं उनके शहर में तो, कोई मयखाना नहीं।

141. अमन चैन की दुआ

क्या किसी भी लब पे, कहीं अमन चैन की दुआ नहीं,
हर तरफ है शोर बरपा, कहीं भी दौर खुशनुमा नहीं।

किसको फुर्सत आजकल, किसी की भलाई के लिए,
कौन है वो खुशनसीब, जो साजिशों में घिरा नहीं।

हर ओर दुकान ए दर्द हैं, हर ओर गमों के सिलसिले,
मंदिर मस्जिद पीर फकीर, कहीं भी मौजिजा नहीं।

सरहदों से चाहे जब, उठता है धुँआ बारूद का,
जो दोनों ओर करे रोशनी, क्या कोई ऐसा दीया नहीं।

बेगुनाहों के खून से, क्या किसी को फर्क नहीं कोई,
क्या धरती पर इंसान नहीं, या आसमान में खुदा नहीं।

ये मजहबों के दरम्यान, किसने खोदा खाई को,
जब लहू है सबका एक सा, कहीं उसका रंग जुदा नहीं।

142. साथ रहकर भी

साथ रहकर भी, जुदा सा लगता है,
कुछ दिनों से वो, खफा सा लगता है।

यूँ तो कह देते हैं हम, कुछ परवाह नहीं,
पर उसके बिना, दम घुटा सा लगता है।

चाहे कुछ भी है, मुझ पर सताइश उसकी,
फिर भी इन लबों की, दुआ सा लगता है।

कभी कर देता है, मेरा दिल भी बगावत सी,
वो मौसम भी बड़ा, बदगुमां सा लगता है।

भूल जाते हैं हम यूँ भी, गुस्ताखियाँ उसकी,
आदमी दिल से तो, वो भला सा लगता है।

वो कर कर भलाई भी, बुरा ही रहा सबका,
उसका वक्त ही कुछ, बेवफा सा लगता है।

143. क्या जिंदगी होती

तुम ना होते तो, क्या जिंदगी होती,
दिल की राहों की, क्या बेखुदी होती।

मिलती जुबां कैसे, मेरे लफ्जों को,
लब तो मचलते लेकिन, खामोशी होती।

अपनों ही में कोई, अपना ना रह पाता,
हम होते फकत, हमारी बेबसी होती।

तुम मिले तो हमने भी, जीना जाना है,
नहीं तो बेवजह यूँ ही, ये जिंदगी होती।

हमने जाना है, हँसने रोने का सबब भी,
गम भी पराया सा, गैरों की खुशी होती।

144. दिए जो दर्द

दिए जो दर्द अपनों ने, उसे उपकार समझेंगे,
पिलाए विष के जो प्याले, उसे रसधार समझेंगे।

कलम से मेरी बहके जो, कागज पर उतरते हैं,
इन्हीं लफ्जों के मोती को, तेरा उपहार समझेंगे।

हमने एहतियातन ही दिल की, दवा का नाम पूछा था,
हमने सोचा नहीं था वो, हमें बीमार समझेंगे।

जो उनसे बात करते हैं हम, कुछ सर को झुकाकरके,
कोई कह रहा था वो, हमें लाचार समझेंगे।

कभी तो दे इजाजत कि, मेरे इल्जाम हो तुझ पर,
सजा जो भी मुकर्रर हो, तेरा दरबार समझेंगे।

मुहब्बत एक तरफा ही, सदा शिद्दत की होती है,
जो हो दोनों तरफ से तो, इसे व्यापार समझेंगे।

हमने आज तक भी, तुझसे कुछ नहीं माँगा,

तुम्हारी मुस्कुराहट को ही, खुशी का हार समझेंगे।

कभी सेल्फी भी एक, तुम्हारे हाथ की होती,

नहीं तो दुनिया वाले भी, बड़ी तकरार समझेंगे।

145. आसमानी ख्वाब थे

तेरी बेरुखी का शुक्रिया, तूने मुझको आसां बना दिया,

मेरे आसमानी ख्वाब थे, तूने मुझे जमीं पर ला दिया।

तुझे देखा तो हुआ यकीं, कि दिलरुबा दिल का हसीं,

पहले ही कदम टूटा भरम, मुझे हकीकतों से मिला दिया।

वो वस्ल था या हिज़्र था, मुझे कुछ समझ आया नहीं,

मेरी बज्म अँधेरे को सौंपकर, मेरे दिल का दीया बुझा दिया।

वो बहार भी क्या बहार थी, मेरी रूह बेकरार थी,

तूने मेरी वफाओं का जानेसितम, क्या हसीं सिला दिया।

अब वो भी गम न गम रहे, न वो तुम न हम रहे,

मैं बदगुमां एक शख्स था, तूने मुझको इंसां बना दिया।

146. महफिल का क्या होता

ना आते हम जो महफिल में, तेरी महफिल का क्या होता,
जलाकर रह जाते शमा, तुम्हारे दिल का क्या होता।

सफर से लौटना पड़ता, जो तुम्हारी बात पर जाते,
हमारा जो भी हो जाता, तुझ संगदिल का क्या होता।

ना मिलती रहगुजर कोई, सफर दुश्वार हो जाता,
भटकते यूँ ही राहों में, बता मंजिल का क्या होता।

दुआ दो देने वाले को, और उसका शुक्रिया करना,
हमने आसान कर दी जो, तेरी मुश्किल का क्या होता।

हमने चाँद तारों की तो, कभी ख्वाहिश नहीं की थी,
ना खिलते फूल गुलशन में, हमारे दिल का क्या होता।

147. कौन कहता है

कौन कहता है कि मुहब्बत, सदा बरबाद होती है,
ये तो ऐसी शै है कि, फना होकर ही जो आबाद होती है।

उन्हें जन्नत से क्या लेना, क्या जन्नत नशीनों से,
जिनको काबा और काशी, किसी की याद होती है।

सजा लेते हैं एक महफिल, तेरे ख्वाबों ख्यालों की,
कि तेरे हिज्र में वादी, ये जब नाशाद होती है।

अब क्या हवा देगा, तू इन बुझते शरारों को,
हमेशा आमद ही तेरी, तलब के बाद होती है।

क्या हो दरकार मरहम की, जख्म जब देने लगें खुशबू,
किसी के दर्द की वादी ही, जब दिलशाद होती है।

148. हँस के सहे

हँस हँस के सहे तेरे सितम, ये प्यार नहीं तो फिर क्या था,
खामोश सहे तेरे हिज्र के गम, ये प्यार नहीं तो फिर क्या था।

मैंने भुला दिया उन सदमों को, जो बज्म में तेरी मिले मुझे,
कभी रखे न तुझसे गिले सनम, ये प्यार नहीं तो फिर क्या था।

गजलों में बिखरा दर्द मेरा, कभी फुर्सत हो तो पढ़ लेना,
सो न सके एक मुद्दत हम, ये प्यार नहीं तो फिर क्या था।

मैंने समझ वफा का तोहफा ही, ये अश्क सम्हाले मोती से,
हुई कभी ना चाहत कम, ये प्यार नहीं तो फिर क्या था।

जख्म दिए जो तूने मुझे, वो महक उठे मेरे सीने में,
तेरा दर्द बना खुद मरहम, वो प्यार नहीं तो फिर क्या था।

तू चला जो दिल को ठुकराकर, मायूस तो हम भी हुए बहुत,
उम्मीद नहीं छोड़ी हमदम, ये प्यार नहीं तो फिर क्या था।

149. जीने की तमन्ना

जीने की तमन्ना किस को थी, मरने का बहाना माँगा था,
एक शाम तेरे पहलू में फकत, कुछ वक्त सुहाना माँगा था।

तू मुस्तकबिल मेरा था, पर आज में शामिल कर न सका,
मैंने कब तुझसे ऐ हमदम, कोई गुजरा जमाना माँगा था।

जब छोड़ के सब मैं बढ़ ही गया, तू क्यूँ रोके मेरी राहों को,
मैंने हाथ उठाके रब से फिर, एक पथ अनजाना माँगा था।

तेरी तल्खी से घबराकरके, मैंने सोच लिया कि जाना है,
कुछ वक्त को तेरे कूचे में, रुकने का ठिकाना माँगा था।

150. मुक्तक

कोई आँसू भी आँखें, भिगोता नहीं,
क्या पत्थर हुआ, अब मैं रोता नहीं।
मेरे ख्वाबों में आने की, जिद यूँ न कर,
मुझको मुद्दत हुई, अब मैं सोता नहीं।।

पलकों को मेरी सौंपकर, अश्कों की कतारें,
मौसम ने कहा मुबारक, तुमको भी बहारें।
माजी के जंगलों से, फिर निकला नहीं ये दिल,
इसे कितना भी सम्हालें, हम कितना भी सँवारें।।

किरदार निभाते निभाते, खुद छूट जाता है,
ऐसा भी दौर यहाँ, कभी जीवन में आता है।
एक आदमी के अंदर, कई आदमी भी देखे,
एक को मनाएँ   तो, दूजा यहाँ रूठ जाता है।।

कतरा कतरा यकीं, अपनेपन का बह गया,
शिकवों का एक हुजूम, मेरे लब पे रह गया।

चेहरों पे चेहरे लगे, ये कैसा हुआ चलन,

कैसे शक्ल दिखाए, आईना हैरत में रह गया।।

काँटा जो चुभा दिल में, उसको निकाल दे,

आ दर्द सभी अपने, मेरे दामन में डाल दे।

तेरे सुर और मेरे गीतों से, मुकम्मल है जिंदगी,

मेरे सुरों पर बैठकर, कभी तू भी तो ताल दे।।

अपनी दर्द ए दास्तां, सुना रहा था मैं,

दुनिया समझ रही थी, कि गा रहा था मैं।

अपनों के बीच में तो, मैं गैर ही रहा,

गैरों को फिर भी कुछ, भा रहा था मैं।।

भेजके उसने कोरा कागज, जवाब माँगा है,

मेरी जिंदगी ने यूँ, मुझसे, हिसाब माँगा है।

 आह लिखूँ या वाह लिखूँ, या लिख दूँ उस पर खामोशी,

उलझा कर काँटों में दामन, अब गुलाब माँगा है।।

मेरी हर गजल है आईना, तेरा अक्स जिसपे उभर गया,

तुझे पाके क्या करता भला, तुझे खोके भी मैं सँवर गया।

मैंने रखे गजल के गाँव में, कई वरक दिल की किताब से,

तेरे गम की स्याही में डूबकर, हर वरक और निखर गया।।

तेरी आँखों की झील में, उतरने का इरादा था,
तेरे दिल की गलियों से, गुजरने का इरादा था।
मगर तू बंद कर बैठा, अपने दिल के दरवाजे,
तेरा जीने से पहले ही, मरने का इरादा था।।

कभी लिखते हैं हम गजलें, कभी गुनगुनाते हैं,
वो हमसे दूर रहें जितने, उतने दिल में समाते हैं।
चले जाते हैं वो अक्सर, मेरी वीरान कर शामें,
अंधेरे दमघुटन हों तो, दिल का दीया जलाते हैं।।

आज फिर मेरे अश्कों से, कोई कागज जल गया,
देखकर मेरी बेबसी, आसमां भी पिघल गया।
जिस शाख का मैं फूल था, वह शाख ही रूठी रही,
मुझे आँधियों को सौंपकर, मेरा बागवां भी निकल गया।।

मुझे हो गया वहम सा ये, कि मैं ही तेरा प्यार था,
मेरी धड़कनों से खेल तू, मैं जा बे जा तैयार था।
तेरी आरजू दिल में लिए, गुजरा मैं कई सहराओं से,
मुझे क्या खबर थी तेरे दश्त का, मैं एक हसीं गुबार था।।

पढ़ते रहिए उम्र भर, एक दीवान हैं हम भी,
तन्हाइयों पे अपनी ही, मेहरबान हैं हम भी।
चले आए हैं दूर कहीं हम, पत्थरों के शहर से,

तुझसे गुजारिश तू ही समझता, इंसान हैं हम भी।।

कभी ग्रामीण से पूछो, शहर का हाल क्या है,
हर एक कूचे में यहाँ, नया बबाल सा है।
दिखाई देती हैं हर ओर, यहाँ ऊँची ऊँची इमारतें,
मगर ईमान की हवेली पर, कुछ जबाल सा है।।

तारों की तरह टूटूँ, या चाँदनी सा निखर जाऊँ,
तू दे जो इजाजत तो, तेरे कूचे में बिखर जाऊँ।
एक उम्र सफर करके, आया तेरी चौखट तक,
अरमान तो है एक दिन, तेरी बाहों में मर जाऊँ।।

जिंदगी में अपनों से ही, मैंने फरेब खाया है,
मगर हर बार मैंने उसे, दिल से भुलाया है।
कई दौर जिंदगी में, मेरी ऐसे भी आए हैं,
जिसने मुझे शिद्दत से, इंसान बनाया है।।